世界五千年
科技故事丛书

卢嘉锡题

世界五千年科技故事丛书

独领风骚数十年

李比希的故事

丛书主编　管成学　赵骥民

编著　叶　秋

吉林出版集团 | IC 吉林科学技术出版社

图书在版编目（CIP）数据

独领风骚数十年：李比希的故事 / 管成学，赵骥民主编.
-- 长春：吉林科学技术出版社，2012.10（2022.1重印）
ISBN 978-7-5384-6109-1

Ⅰ.① 独… Ⅱ.① 管… ② 赵… Ⅲ.① 李比希（1803～1873）
－生平事迹－通俗读物 Ⅳ.① K835.166.13-49

中国版本图书馆CIP数据核字（2012）第156254号

独领风骚数十年：李比希的故事

主　　编	管成学　赵骥民	
出 版 人	宛　霞	
选题策划	张瑛琳	
责任编辑	万田继	
封面设计	新华智品	
制　　版	长春美印图文设计有限公司	
开　　本	640mm×960mm　1／16	
字　　数	100千字	
印　　张	7.5	
版　　次	2012年10月第1版	
印　　次	2022年1月第4次印刷	

出　　版　吉林出版集团
　　　　　　吉林科学技术出版社
发　　行　吉林科学技术出版社
地　　址　长春市净月区福祉大路 5788 号
邮　　编　130118
发行部电话 / 传真　0431-81629529　81629530　81629531
　　　　　　　　　　81629532　81629533　81629534

储运部电话　0431-86059116
编辑部电话　0431-81629518
网　　址　www.jlstp.net
印　　刷　北京一鑫印务有限责任公司

书　　号　ISBN 978-7-5384-6109-1
定　　价　33.00元

序　言

十一届全国人大副委员长、中国科学院前院长、两院院士

放眼21世纪，科学技术将以无法想象的速度迅猛发展，知识经济将全面崛起，国际竞争与合作将出现前所未有的激烈和广泛局面。在严峻的挑战面前，中华民族靠什么屹立于世界民族之林？靠人才，靠德、智、体、能、美全面发展的一代新人。今天的中小学生届时将要肩负起民族强盛的历史使命。为此，我们的知识界、出版界都应责无旁贷地多为他们提供丰富的精神养料。现在，一套大型的向广大青少年传播世界科学技术史知识的科普读物《世

界五千年科技故事丛书》出版面世了。

由中国科学院自然科学研究所、清华大学科技史暨古文献研究所、中国中医研究院医史文献研究所和温州师范学院、吉林省科普作家协会的同志们共同撰写的这套丛书，以世界五千年科学技术史为经，以各时代杰出的科技精英的科技创新活动作纬，勾画了世界科技发展的生动图景。作者着力于科学性与可读性相结合，思想性与趣味性相结合，历史性与时代性相结合，通过故事来讲述科学发现的真实历史条件和科学工作的艰苦性。本书中介绍了科学家们独立思考、敢于怀疑、勇于创新、百折不挠、求真务实的科学精神和他们在工作生活中宝贵的协作、友爱、宽容的人文精神。使青少年读者从科学家的故事中感受科学大师们的智慧、科学的思维方法和实验方法，受到有益的思想启迪。从有关人类重大科技活动的故事中，引起对人类社会发展重大问题的密切关注，全面地理解科学，树立正确的科学观，在知识经济时代理智地对待科学、对待社会、对待人生。阅读这套丛书是对课本的很好补充，是进行素质教育的理想读物。

读史使人明智。在历史的长河中，中华民族曾经创造了灿烂的科技文明，明代以前我国的科技一直处于世界领先地位，涌现出张衡、张仲景、祖冲之、僧一行、沈括、郭守敬、李时珍、徐光启、宋应星这样一批具有世界影响的科学家，而在近现代，中国具有世界级影响的科学家并不多，与我们这个有着13亿人口的泱泱大国并不相称，与世界先进科技水平相比较，在总体上我国的科技水平还存在着较大差距。当今世界各国都把科学技术视为推动社会发展的巨大动力，把培养科技创新人才当做提高创新能力的战略方针。我国也不失时机地确立了科技兴国战略，确立了全面实施素质教育，提高全民素质，培养适应21世纪需要的创新人才的战略决策。党的十六大又提出要形成全民学习、终身学习的学习型社会，形成比较完善的科技和文化创新体系。要全面建设小康社会，加快推进社会主义现代化建设，我们需要一代具有创新精神的人才，需要更多更伟大的科学家和工程技术人才。我真诚地希望这套丛书能激发青少年爱祖国、爱科学的热情，树立起献身科技事业的信念，努力拼搏，勇攀高峰，争当新世纪的优秀科技创新人才。

目　录

智慧的启蒙

在德国达姆斯塔特的一条窄胡同里，"乔治·李比希药房"的招牌迎风摇曳。这就是城中颇有名气的药剂师乔治·李比希（Johann Georg Liebig）的药房、家庭的所在地。

从文艺复兴以来，德国一直以利用化学方法制造药物作为化学领域的重要方向。瑞士人帕拉塞斯（P.A.Paracelsus，1943－1541）早已为此奠定了基础，他及其追随者们认为，化学的任务不应是像炼金术那样一味追求从贱金属变为贵金属，而是应该制造切实有用的药物。这个医药化学方向的影响是如此之大，以至19世纪初期德国的化学家多半是出身于药剂师。

乔治·李比希的妻子马莉卡罗琳娜马泽琳（Maria Kaoline Moserin）是一个犹太人的私生女，她一生中共生育了9个孩子，我们这本书中的主人公尤斯图斯·李比希（Justus von Liebig，1803－1873）是她的第二个孩子。

乔治·李比希的药房设在小楼的第一层，占用了好几个大房间，药品通常都在药房里配制。此外，还有一个特殊的房间，是专门用来配制某种特别复杂的药膏、或是蒸馏某种液体，大家把它称为"厨房"，孩子们未经允许是不能轻易进入的。无形之中，这更增添了这间房子的神秘色彩，正是在这个地方，小李比希偷偷地与奇妙的化学打上了交道，开始了这位大化学家的启蒙教育。

在这个狭窄的胡同里，除了李比希家的药房外，还有邻居家的肥皂作坊、制革作坊、染坊等等，就像一个小小的化学世界；集市上也时常有人卖炸药、雷管、玩魔术。在这样一个环境里，年幼的李比希耳濡目染，早早地体验到了化学为人类生活所带来的方便和舒适。事实上，在李比希所生活的时代，由蒸汽机引起的第一次工业革命，已极大地促进了钢铁、冶金、纺织等工业的迅猛发展，人们需要大量的化学材料和制品，例如天然染料早已不能满足纺织工业的需求，而工业废料煤焦油更是一个尚待研究、可资利用的宝库。李比希相信化学可以为人类生活创造实际利益，这种自幼培养起来的信念支配了他今后一生的科学活动，促使他总是竭力开创化学的新领域，并且把化学的实际应用摆在重要位置上。

李比希亲眼目睹了父亲是如何制造药物和涂料的，在这种具体的实践中学到了不少初步的知识。

而且，有时为了寻找某一个配方，父亲还要派他去黑森大公的宫廷图书馆中查阅，于是在那里他贪婪地阅读到了许多大部头的化学书籍，有马凯尔编著的32卷本的《化学词典》，有施塔尔的《燃素化学》，还有卡文迪许的著作和化学教授葛特林等人的自然科学札记。而最早吸引小李比希的是一本名叫《锑之凯旋车》的书，这是15、16世纪德国著名僧侣兼炼金术家巴塞尔·瓦伦廷（Basil Valentine）写的，里面有当时的化学知识以及作为炼金术和古代医学化学理论的基础概念。这些充满炼金术语和各种哲理、假说的书籍并没有使小李比希兴味索然，相反，他按照书中所说精心做了许多实验。

可是，小李比希这个宫廷图书馆的常客在学校里却不是一个好学生，他对学校里那些拉丁语、希腊语的语法公式感到乏味，上课时心不在焉，经常受到老师的批评。他的同桌偏偏也是一个"不务正业"的音乐迷，于是，在老师讲课的时候，他们俩一个在想着化学实验，一个趴在桌上偷偷地作曲。

如此玩忽学业使老师深为反感，再加上一次上课时由于玩弄自制炸药引起了爆炸，小李比希终于被学校开除了。严厉的父亲非常生气，为了给不求读书上进的儿子寻找一条谋生的出路，便把小李比希送到一位朋友的药房里当学徒。

然而，小李比希在药房里干得得心应手，很快就得到了药剂师的赏识，还专门给了他一间阁楼做实验用。这样，每当工作之余，小李比希仍醉心于做他的化学实验，乐此不疲。

可是，这位业余化学家毕竟还没有掌握进行专门实验所需要的全部知识。在一次为新实验作准备时，研杵从桌上滚落下来，正砸在装着炸药的弹壳上，顿时一场大爆炸发生了，伴随着惊天动地的响声，屋顶被掀上了天空。侥幸的是肇事者李比希没有受到任何伤害。

15岁的李比希又一次被开除了，不得不回到父亲

　　的药房。尽管儿子回来帮助经营使父亲非常高兴，但深明事理的乔治·李比希最终还是把儿子送进了波恩大学深造。因为他明白，在自己这个小小的药房里，儿子是无论如何成不了什么大器的。

　　1820年秋天，李比希进了波恩大学，向卡斯特纳（Carl Wilhelm Gottlob Kastner，1873－1857）教授学习化学。第二个学期开始后，他又随导师转入了爱尔兰根大学，并于1822年获得博士学位。但是他对所学的内容并不满意。当时爱尔兰根大学著名哲学家谢林（Friedrich Wilhelm Joseph Schelling，1775－1854）正在讲授自然哲学，卡斯特纳教授深受谢林思想的影响，而且对实验工作不感兴趣，可对于李比希来说，这却是他全部科学活动的意义所在，于是师生之间产生了分歧。当时德国大学中的化学教育，是把化学知识混杂在自然哲学中讲授；更由于没有专门的化学教学实验室，学生得不到实验操作的训练。但客观地说，德国大学这种偏重于哲学的教学体系使李比希获得了必要的哲学训练，并培养了他那富有浪漫主义的善辩性格，为他以后创造性地组织科研活动打下了一定的基础。

1822年春天，大学当局发布了逮捕大学生秘密团体成员的命令。作为最活跃的学生团体中的核心人物，李比希在劫难逃。为了躲过这场灾难，他请求黑森大公给他一点助学金，并允许他出国学习。大公的秘书过去在宫廷图书馆时就认识李比希并且很欣赏他，这时便出面帮助他游说大公，于是李比希得到了满意的答复。同时，由于他在雷酸的研究上已表现出较好的能力，因此卡斯特纳教授写的书面推荐起了很大的作用。这样，在同年秋天，李比希终于动身到巴黎去了。

在迈出这一步之前，他面临着两个选择：是去巴黎？还是去斯德哥尔摩？斯德哥尔摩是当时举世公认的化学权威——贝采里乌斯（Jons Jacob Berzelius，1779－1848）的所在地，在那里已经形成了化学界的一大学派。而在巴黎，从奠定近代化学基础的大科学家拉瓦锡（Antoine Laurent Lavoisier，1743－1857）起，法国化学学派就开始形成，到19世纪20年代，那里聚集着盖·吕萨克（Joseph Louis Gay Lussac，1778－1850）、泰纳（L.J.Thenard，1777－1857）、舍夫勒（Michel Eugene Chevreul，1786－1889）等大化学家，还有著名的巴黎工艺学校校长杜隆（Pierre Louis Dulong，1785－1838），他们都对近代化学的发展作出了卓越的贡献。就这样，李比希选择了当时世界的科学中心巴黎。

留学生活

　　巴黎的科学研究和教育的先进水平使李比希大开眼界，这里不仅拥有世界上第一流的化学家，而且还有最先进的实验室。当时，以有机化合物的提纯、有机分析和有机合成为研究对象的有机化学还处于初创时期，其中首先发展起来的是有机化合物的元素分析，而碳氢分析尤为重要。盖·吕萨克和泰纳就是由于在1810年取得了有机化合物元素分析的第一批令人满意的成果，才闻名于世的。

　　李比希听了巴黎大学教授盖·吕萨克、法兰西学院教授泰纳等科学家以实证为主的自然科学课程，感觉到所学的化学知识不再是由抽象的假说联系起来的某些知识的简单堆积，而是活生生的、有血有肉的严密知识体系。除了听课之外，李比希参加实验的机会也特别多。他的课题是继续他在德国的雷酸研究，测定了雷酸汞的组成，并整理成论文。盖·吕萨克对这位年轻的德国化学家十分赞赏，于1823年7月在皇家科学院报告了李比希的这项成就。该报告立刻引起了正在巴黎定居的德国科学泰斗洪堡（A.V.Humboldt，1769－1859）的注意，他热情鼓励这位后起之秀好好学习，并想方设法给李比希提供最好的研究条件。这次会后，由于洪堡的推荐，盖·吕萨克把李比希从普通实验室中调出，到他的私人实验室做助手，这使李比希有条件彻底完成他已经开始的研究。经过短短一个冬天的合作，他终于最后确定了雷酸的化学式，通过这项研究不仅掌握了复杂的分析方法，而且学会了进行系统的研究。

　　盖·吕萨克在实验室中所表现出的纯熟实验技能和培养人才的方法深深地吸引了李比希，他是一个敏捷、活泼而深奥的奇才，不仅思维灵活，而且实验操作纯熟，被誉为法国当代化学家的领袖。盖·吕萨克既在化学理论上确立了气体简比定律和第一个有机基团即氰基的概念，同时又在实验方面做出了许多贡献。他把容量分析方法引进了化学研究，他对碘及其化合物性质的研究成为实验工作的典范；此外，他还和泰纳合作改进了有机分析方法，并获得了有机化合物元素分析的第一批令人满意的结果。盖·吕萨克的闻名还在于他是一个优秀的教师。他不仅讲授严格的知识体系，并启发学生思考有关化学发展方向的问题，而且亲自指导学生做实验。可以说，李比希后来领导了一个学派开展科学研究，与他在盖·吕萨克那里受到的严格训练有着密切的关系。

李比希与盖·吕萨克合作后，进一步研究雷酸盐的组成，最终确定了雷酸的化学式。从他们合写的论文中可以明显地看出：李比希已从盖·吕萨克那里掌握了定量测定物质元素组成的方法，即通过燃烧来分析雷酸中碳、氢、氧的百分比，也学会了系统地进行科学研究。就是这样，由于盖·吕萨克的言传身教以及法国大学注重科学实验的风气的熏陶，李比希获得了丰富的化学知识和实验技巧。在他们的演讲中，有一种特殊的、逻辑上的条理性，这是别的任何一种语言所不具备的。因此盖·吕萨克和泰纳成了实验论证的大师。实验的确使我感到高兴，因为它们以我所理解的语言对我讲话。"由此他深深地体会到：实验室对化学家进行系统训练是何等重要。实验室与导师对初学化学的人来说，无疑是个示范中心；学生只有进行实验，从导师那里接受严格训练、掌握科学原则，才可能知道如何进行科学研究。

李比希先后在德国、巴黎学习化学，相比之下德国大学在利用实验教学方面就要沉闷得多。对振兴祖国科学事业怀有满腔热情的李比希，没有满足于个人的学业和进取。他决心回国后要建立一个现代化的实验室，做一名出色的大学教师，让一批又一批的青年人在那里得到训练，然后在德国形成一支新型的化学研究队伍。

　　1824年春天，李比希怀着这种理想回到了德国，并向黑森大公呈交了盖·吕萨克和洪堡的书面推荐。这两位科学家对李比希关于雷酸盐的研究工作所给予的极高评价，使吉森当局没有征求吉森大学学术委员会的意见，便任命年仅21岁的李比希为吉森大学副教授，一年之后继任其前任成为正教授。从此，李比希开始了真正实现洪堡提出的办学宗旨。他推行了一整套教学改革计划，将德国大学改革推向了一个新的高潮；并着手创建世界上最先进的化学实验室来培养化学人才，制定了有组织的研究计划来开辟化学的新领域。

第一个化学教学实验室

19世纪以前世界上还没有任何系统的科学教育，类似于化学教育这样的活动也不是在大学而是在药剂师的作坊里进行。这种情形一直持续到法国大革命。18世纪末，拉瓦锡的拥护者如盖·吕萨克、泰纳、舍夫勒、杜隆等才在巴黎工艺学校及其他大学开展了化学教育活动。但是，那时实验室研究还不是大学教学的一个组成部分，而主要是以私人实验室的形式为某位化学家或教授个人使用。

到了19世纪初，在德国大学里开始出现了初步的化学教育活动，但真正同私人实验室相决裂的第一个机构是李比希建立的吉森实验室。他在这里将系统的实验教学与有组织的化学研究相结合，在19世纪中期发展起了一个阵容强大而高度有效的研究学派。

李比希担任吉森大学化学教授后，成了一位名副其实的化学家。要实现自己的长远理想，他面临的首要任务是用什么方法造就新一代化学家？当时在德国大学里只讲授教材，偶尔根据教材进行一点有限的实验，完全没有专门用于实验教学的条例或规定。为了改变这种状况，李比希制定了一个新的、合理的教学制度，保证那些攻读化学的大学生能够获得必要的知识和科学训练。

李比希认为，不能仅仅照搬他在巴黎学习的课本。他编写了新的教学大纲，它为近代化学教学新体制奠定了一个良好的基础。同时，他开始着手创建世界上最先进的化学实验室。1824年，洪堡在推荐李比希时曾劝说巴伐利亚国王路德维希一世为他提供一个实验室。但政府的工作效率实在太低，为了加快实验室的建设速度，李比希花掉了自己800盾的积蓄。

1826年，吉森大学化学实验室终于落成了。这个实验室是利用一个废弃的旧兵营改造成的，一间大大的屋子，中间放着一个大火炉，靠墙的四周摆着许多椅子，里面没有任何通风设备。凝聚着李比希无数心血和无限憧憬的世界上第一个化学教学实验室就这样诞生了！

像这样专门用于教学和研究的实验室在当时来说还是空前的。最早的化学实验室是中世纪的炼金术士办的，其设备之简陋自不必说，就是教学也是那种作坊里的师授徒从式。从18世纪开始，当化学成为一个独立的学科之后，化学实验室多了起来，但也都属于私人所有，因而这些实验室的规模是很小的，一般只能有一、二个助手或者接纳一、二名学生，大多数有志于科学事业的青年都被拒之于门外。许多著名化学家如玻意尔（R.Boyle，1627－1691）、拉瓦锡、贝采里乌斯和盖·吕萨克等都沿袭了这种私人实验室的传统，仅供他们自己及其助手做研究工作使用。而托马斯·汤姆森（Thomas Thomson，1773－1852）等使用的所谓教学实验室却又不被一般人所知。李比希实验室在科学史上是现代实验组织和教育相结合的开端，体现着训练新型科学家的整个新模式，是德国工业和科学振兴的一个坚实而又光辉的起点。从那时起直到1941年，系统的学术研究、学术组织工作在德国异常发达，远远超过了曾为世界科学中心的英国、法国。

1926年，是年轻的李比希永远铭刻在记忆中的一年。在新实验室落成不久，他又迎来了第二件大喜事：5月间与助手亨利艾塔·莫顿豪（Henrietta Moldenhauer）缔结了良缘，他们共同生育了5个孩子。

从此，李比希开始了他创办研究学派、创造新型化学教育体制的艰难旅程。

当李比希刚刚踏入吉森大学时，这里的化学教学也大部分是由自然哲学组成的，是用晦涩难懂的文字概念来解释自然现象。李比希首先对这种状况进行了激烈的批评，当他升为正教授之后就立刻把自然哲学从化学中排除出去了。所以，从1825年以后李比希开始把吉森实验室发展为一个专门研究化学特别是有机化学的科学机构。在教学中，李比希打破了以前低水平的自然哲学的教学方式，按照自己编制的新教学大纲授课：学生一进入校门，在学习讲义的同时，还要做实验，先使用已知化合物进行定性分析和定量分析，然后学习如何从天然物质中提纯和鉴定新化合物，以及怎样进行无机合成和有机合成；学完这一课程后，在导师的指导下进行独立的研究，以此作为毕业论文的内容，最后通过鉴定获得博士学位。

这种让学生在实验室中从系统的训练逐步转向独立研究的教学体制，在李比希之前还没有人尝试过，它为近代化学教育体制的建立奠定了基础。从那以后，不但在化学教育上采用，而且世界各国大学在其他自然科学学科中也都开始仿效这种科学培养人才的方法。实验室不再是简单地重复课本上的内容，而是要让学生接受真正的科学研究的训练；同时化学研究也从化学家个人的实验，变成了有组织、有计划的科学活动，促使科学成果和科学人才一齐出现。

李比希对自己亲手建起来的实验室非常满意，认为在自己之前任何地方都没有这样进行分析教学用的化学实验室；而人们通常所说的实验室，不过是一些摆满作冶金或制药物的各种用具的作房，更没有人懂得应该怎样来教学生进行分析实验。这话虽然有些言过其实，但的确表明了他对于训练学生分析技巧的重视程度。

由于分析实验操作是化学研究的基本功，因此，李比希一开始就发展了一种分离和鉴别未知成分的标准化系统定性分析程序，也就是先用一般试剂将未知溶液分离为几个组分，然后用更特殊的反应进一步分离和鉴别各种未知成分。李比希把这种方法教给了他的学生。

30年代中期，李比希转而研究化学与农业和生理学的关系这一课题，这是一个相当广泛的研究领域，要想迅速取得成果，就必须有足够的人力、物力。李比希为了给刚刚投入的新领域作准备，就需要重新扩建吉森实验室并增加研究经费。这一时期，欧洲各大学特别是德国各邦的大学都在竞相招兵买马，网络人才，李比希作为一个知名的教师、研究者、编辑，在科学界已享有较高的声望，足以使很多大学向他提供可观的经费赞助，由此给吉森大学带来了巨大的压力。而李比希正好利用这些机会作为手段，来促使黑森政府或者吉森大学不断提高他的待遇和实验室经费。在1825－1835年这10年间，李比希的工资待遇是每年大约800盾，吉森大学拨给实验室的经费则只有400盾。但实际上实验室每年总的开支远远超过了400

盾，而李比希为了经营好自己一手创办的实验室，必须从自己的工资中拿出320盾付给一个实验室助手作为报酬。这种入不敷出的局面使李比希忧心忡忡。而且从实验室本身来说，设备还相当简陋，空间也显得越来越狭小，非常不利于开展大量的实验研究。于是，李比希开始向黑森政府发起了要求增加工资和扩建实验室的攻势。

早在1829年李比希就曾要求黑森邦国大臣增加自己的工资，但没有获成功。1833年李比希提出有必要建立一个新校舍和一个新实验室并增加自己的工资，而且说由于难以忍受精神衰弱的痛苦想离开吉森。吉森大学当局不愿失去这样一个教学骨干，于1834年把李比希的工资增加到850盾。第二年，比利时北部一所大学来函聘请李比希执教，吉森大学只好又将他的工资提高到1250盾，同时承担了实验室助手的开支。经过多次交涉，吉森终于耗资5035盾，于1835年改造了旧的演讲厅，扩大了实验室，并且专门给李比希另外开辟了一个小的私人实验室，使他能够更加舒畅地工作。而吉森实验室也因此完成了第一次扩建。1839年，李比希又接到圣·彼得堡大学的聘书，这一次他的工资升到了1650盾，而且与校方达成协议，由校方支付1200－1300盾的经费，按照李比希亲自设计的方案建立了一个新的更大的实验室，同时实验室经费也增加到1500盾。经过这两次扩建、特别是第二次扩建，实验室的规模更大了，实验设备也更加先进齐全了。

实验室的扩建和充足的经费来源，使李比希有条件接受了更多的学生进入他的实验室工作，同时也有足够的能力聘请几位助手来协助教学。因此，从1839年他36岁时起，李比希领导了世界上最大的实验室和研究学派，实验研究的数量在大幅度地增长。在李比希开始系统地研究有关化学和农业、生理学的关系后，在短短的4个月时间内，便收集了有关农业化学、生理化学的必要实验数据，于1840年出版了在农业科学史上最重要的理论著作之一《化学在农业和生理学上的应用》。这种快速的工作效率如果没有良好的工作条件做保障，根本就是无法想象的。

在李比希的精心指导下，通过实验室中的系统训练，一批后来领导了德国化学研究、化学工业迅速发展的人从吉森实验室中脱颖而出，他们中有：奥古斯特·霍夫曼（A.W.von Hofmann，1818－1892），在吉森大学原本是学哲学和法律的，在李比希的影响下转学化学，后来成为李比希最主要的助手。他从煤焦油中制取化合物，对19世纪后期染料工业在德国迅猛发展起到了至关重要的作用。到柏林大学执教后，又在那里建立了化学研究所并培养了大批优秀的学生，并于1868年创建了德国化学会；

赫尔曼·费林（Hermann Fehling，1812－1885）发明了测定单糖的方法和反应试剂，是德国著名的有机化学家和工业技术家；

弗里德里希·凯库勒（Friedrich August Kekule，1829－1896），进吉森大学时是学建筑的，也是因旁听李比希的讲课便迷上了化学。1865年他提出了苯的环状结构式，对有机化学的发展作出了划时代的贡献；

卡尔·弗雷泽组斯（Carl Remigius Fresenius，1818－1897），从1841年起成为李比希的助手，发明了新的分析化学方法，并效仿李比希在威斯巴登建起了一个至今闻名于世的实验室。还终身从事编辑德文《分析化学杂志》的工作，这份刊物至今还在定期出版，是国际上享有盛名的科学刊物。

这些杰出的德国科学人才，以李比希所示范的科学精神，献身于德国的科学、教育和工业事业，又培养出了更多的人才，创造了更多的财富。19世纪德国的腾飞是以化学为突破口的，而李比希开创的教育传统，把只有普通而平凡能力的人训练为化学工业所急需的大批化学家，据统计，1890年德国化学家人数竟达英国的两倍之多。

吉森实验室的创建和化学教学大纲的编制，一反德国沉闷的教学传统，再加上李比希那旺盛的精力、出色而热情的个性，很快就吸引了世界各国有志于化学的青年纷纷慕名而来，由此掀起了19世纪留学德国的第一次热潮，吉森实验室成了世界科学活动的中心。在李比希的这些外国学生中，有后来奠定原子价学说的著名英国化学家爱德华·弗兰克兰（Edward Frankland，1825－1899），确定乙醇、乙醚化学式的英国化学家亚历山大·威廉威廉姆逊（Alexander William Williamson，1824－1904），创立有机化学类型说的著名法国化学家查理·热拉尔（Charles Frederic Gerhardt，1816－1856），意大利著名化学家阿斯卡尼奥·索波列罗（Ascanio Soberer，1812－1888），还有被门捷列夫誉为"俄国化学之父"的沃斯克列先斯基（A.A.Woskressensky）等。他们都为李比希的热忱和努力所感动，并对吉森实验室那种师生之间紧张严肃并且融洽的研究气氛产生了深刻印象。因此，他们回国后成了传播李比希的教育方法和学术的骨干力量，使李比希的名字在世界各地为人们所熟知。

李比希的学生大部分来自德国本土、英国、美国、瑞士、芬兰等国家，他们不仅在国籍、民族、语言、文化和性格上存在差异，而且政治观点、风俗习惯和治学风格都有所不同。但是，一种共同的东西把他们的事业、工作甚至生活联系在一起，这就是李比希师生倡导的集体精神。李比希十分乐意与学生交谈，或探讨当前化学、化工发展新动向，或讨论他们自己的理论观点，或者推敲学生们的实验论文。

在19世纪30年代，英国从德国汲取了大量发展科学教育的经验。1837年，应英国科学促进协会的邀请，李比希访问英国，结识了法拉第（M.Faraday，1791－1867）等一些科学家，把大陆的科学成果和德国的教育精神带到了英国。这次访问刺激了英国对自然科学和科学教育的重视，他们亲眼看到，德国能从落后的起点迎头赶上，有赖于科学教育和人才培养。所以从19世纪40年代起，英国各地办起了一批新型的非宗教的高等学校和技工学校。

1842年，李比希重访英国时见到了皮尔首相（R.Peel）和好几个大富翁，建议建立一所化学学院。维多利亚女王的御医克拉克（J.Clark）爵士为学院募集捐款，于1845年建立了皇家化学学院，女王丈夫艾伯特（Albert）亲王任院长。作为德国波恩大学的毕业生，艾伯特亲王非常了解李比希的科学成就在英国科学界的影响，为了促进英国科学教育，他要求李比希推荐一位化学学院的教授。于是，李比希派了霍夫曼前往英国。霍夫曼到任后，亲自过问学院各项设施，要求教室、实验室的建造和装备工作完全按照吉森实验室的模式进行。他在这里的化学教学和研究工作一开始就偏向于工业方面，起初研究煤气工业气体的无机化学，然后侧重煤焦油成分的有机化学。在教学中，霍夫曼也采用了李比希的方法，先讲化学理论，后进行无机或有机化学的定性、定量分析训练，最后以学生承担某项小的研究工作而告终。有意思的是，他还把自己发现的一些优秀学生推荐到李比希那里去读吉森大学的博士学位。

与皇家化学学院不同，曼彻斯特的欧文斯学院是一所由私人资助、旨在培养未来科技专家和企业家的新式的综合性学院。1851年刚一成立，便聘请26岁的李比希学生弗兰克兰（Edward Frankland，1825－1899）博士为首任化学教授。与李比希学派其他成员一样，弗兰克兰也主张首先培养学生作分析化学的能力，而且在给学生讲应用化学的同时，还要讲授一般的化学理论。

因此，皇家化学学院和欧文斯学院在化学教学上都受李比希学派的强烈影响，并在很长时间内成为英国培养职业化学家的摇篮，在英国科学教育史上占有重要地位。此外，李比希的其他英国学生在很多学校也都奉行了德国的教育方式。

到19世纪中期，美国科学经历了一个新的发展时期，它比英国更强调实用，这种科学传统再糅合进德国大学的教育方法，便导致了一系列科学学院的建立。1776年美国独立运动后，农业问题引起普遍重视，杰佛逊、华盛顿作为政治家热心倡导农业改革，1862年林肯总统正式批准建立了国家农业部，在他的关于工作职能的规定中，有一条是进行土壤、农作物、水果、蔬菜和肥料的化学分析。于是，李比希的农业化学思想立刻引起了美国化学家的极大兴趣。小西里曼（Jr.Benjamin Silliman）早在1846年就曾建议耶鲁大学应当添设一个农业化学、动植物生理学的讲座，结果得到了舍费尔德（J.E.Sheffield）的资助，最后终于建立了耶鲁大学著名的舍费尔德科学学院。在这个学院执教的人，除了实用化学方面的小西里曼，还有农业化学方面的诺顿。诺顿曾经在英国和荷兰等地学习过农业化学，并且深受李比希著作的影响。在他死后，李比希的学生约翰逊（S.W.Johnson）继任这一职位，他不仅在舍费尔德科学学院像李比希在吉森那样进行农业化学教学，而且还于1875年一手筹建了美国第一个农业实验站，从事农业化学研究。

在哈佛大学，劳伦斯（Abbott Laurence）于1847年也提供资金建立了劳伦斯科学学院，第一任教授就是刚结束了在德国吉森实验室工作的霍斯伏特（E.N.Horsford，1818－1893BB）。在他担任实用工艺科学教授后，便开始把劳伦斯科学学院发展成为彻底按吉森模式运行的一个化学教学和研究机构。但霍斯伏特的研究主要在食品化学方面，并获得了以磷酸氢钙为基础制造酵粉的专利。为了追寻自己的梦想，1863年他辞去了在哈佛的教职，到建立在罗德岛上的伦福德化学工厂里制造他的酵粉。这一职位后来由李比希另一个学生W·吉布斯（J.W.Gibbs，1839－1903）填补了，他在哈佛大学把德国大学教育制度推到了一个更高的程度，允许女学生进入实验室，并要求学生在学习化学过程中必须追寻原始的研究以便从中得到启发。这样，德国大学模式在美国得到了很好的贯彻发展。

19世纪初法国的教育体制曾对其他国家、特别是李比希在德国的化学教育改革产生过深刻影响。但到了这一世纪中叶，德国模式却反过来对法国有着强烈的吸引力。当李比希在德国建立了他的实验室并取得了许多成就之后，法国化学家也开始仿效吉森的教学、研究方式。贝鲁兹（Jules Pelouse，1807－1867）和罗朗（A.Laurent，1807－1853）到吉森访问并在那里进行了一段时间的研究，杜马和李比希多次交往，而武兹（C.A.Wurz，1817－1884）和热拉尔（Charles Frederic Gerhardt，1816－1856）则在吉森实验室受过李比希的科学训练，更为有趣的是在这种气氛下盖·吕萨克也把儿子送到吉森学习化学。在法国真正体现李比希实验室教学的是武兹，他从吉森回到巴黎后开始是做杜马的助手，几年后就建立了自己的实验室从事化学研究，主张全盘照搬德国模式，提出法国大学教授们也应该像德国那样专心致力于科学研究，要从根本上改善实验室及研究设备，并且按照最新科学方向调整专业结构。

德国的化学教育体制对俄国的年轻人也产生了很大的影响，齐宁（N.N.Zinin，1812－1880）1830年是喀山大学学生，他按照著名数学家、非欧几里德几何的创立者罗巴切夫斯基（1792－1856）的建议放弃了数学而转向化学。1837年他到了柏林就学于米希尔里希（E.E.Mitscherlich，1794－1863），但米希尔里希却建议他去吉森向李比希求教。齐宁在李比希的指导下研究各种试剂对于苦杏仁油的作用，吉森实验室从事创造性活动和进行不倦探索的气氛给了他深刻印象。而他回到俄国后运用李比希的方法造就了一批俄国化学家，并以他为中心形成了著名的喀山学派，而他自己也成为俄国近代有机化学研究的奠基人。

被门捷列夫（D.I.Mendeleev，1843－1907）称为"俄罗斯化学之父"的沃斯克列先斯基（A.Woskressensky）也是李比希的学生。他在齐宁之前就在吉森实验室做过研究工作，于1846年担任圣彼得堡大学化学教师。他把大部分精力投入了紧张的教学工作中，不顾经费短缺，坚持以其在吉森获得的经验来管理实验室。由于他对初学者的指导和热心帮助，吸引了不少有才干的大学生来学习化学，并且培养了不少卓越人才。据说，在众多学生中，李比希认为最有天才的就是俄国化学家沃斯克列先斯基。

可以说，正是由于有了齐宁和沃斯克列先斯基在俄国对德国教育模式的传播，俄国科学特别是化学到19世纪后半期才终于出现繁荣昌盛的局面。

吉森实验室的创立和发展，是李比希对近代科学体制化的一个伟大贡献。吉森实验室不同于以往那种只供少数人使用的私人实验室，是可以同时接纳许多学生的教育和研究的中心机构，是近代科学在大学中机构化的表现。在吉森实验室里，经过李比希对学生进行系统的基本技能的训练和正确的科学研究的指导，培养了大批杰出的科学人才。而李比希卓越的领导才能和组织方法则将他们凝聚成一个强有力的研究群体，加上有一套简单、准确而迅速的分析方法和《年鉴》作为专业杂志的出版，使正在兴起的有机化学及其应用研究领域取得了巨大的成就。

著名的吉森学派

　　李比希从1824年到1852年在吉森大学任教28年，也是李比希学派形成、发展的辉煌时期。尽管盖·吕萨克和贝采里乌斯分别在巴黎大学和斯德哥尔摩都进行了成功的实验室教学，培养了一批有重大成就的化学家如李比希、杜马、马格纳斯（H.G.Magnus，1802－1870）、罗塞（H.Rose，1795－1864）、米希尔里希等，但却没有成功地建立起什么学派。在英国，科学仍然是业余式的个体研究活动。1817年，托马斯·汤姆森曾经向学生提供过系统的化学教学，包括实验室工作，但由于他缺乏作为实验家和理论家的精神气质而没有建立起成功的研究学派。

在19世纪20年代，李比希的重要论文总是发表在他的良师益友盖·吕萨克编辑的《化学与物理年鉴》和波根多夫的《物理与化学年鉴》上，他的地位随之在化学界越来越巩固。对于李比希的研究工作，贝采里乌斯在其《年鉴》中大加赞赏。为了促进学科发展和培养人才，1832年李比希开始出版《药学年鉴》，1840年又把它改名为《化学和药学年鉴》，它成为吉森学派的机关刊物。李比希在这份刊物的编辑工作上倾注了大量的心血，他仿效贝采里乌斯的做法，亲笔为每一篇刊登的文章写短评，而且在下笔前常常还要在实验室里对论文进行验证。李比希利用编辑的有利位置，不仅可以与其他科学家进行学术交流，从争论中获得启发，而且也能够以锐利的目光及时了解世界各国化学研究的动向和进展。1842年，迈尔（Robert Mayer，1814－1878）完成了论文《论无机自然界的力》后苦于得不到物理学界的承认而无处发表，李比希把它发表在了自己的《年鉴》上。这篇论文揭示了能量守恒的伟大原理，而李比希当了一次使真理昭然于世的伯乐。李比希去世后，为了纪念他，《年鉴》改名为《李比希年鉴》，提醒着人们不要忘记这位化学大师对德国科学发展最持久的贡献。时至今日，它仍以这个响亮的名字刊行，而且成为了当今世界化学领域的权威性学术刊物之一。

李比希学派走的是教学与研究相结合的道路。在李比希学派中，导师和学生既是教与学的关系，也是集体从事科学研究的合作者。他们互相学习、共同研究、取长补短，使化学研究不再是化学家单枪匹马的实验工作，而是成为一种以李比希为核心的、在吉森实验室中有组织、有计划的集体劳动。李比希常常说："在实验室中，助手们所施行的教学实际上是仅仅针对初学者而言；作为我的学生，他们的进步主要靠他们自己。我规定选题，并监督他们的完成情况。这样一来，大家都像圆的半径一样汇集到同一个中心来，并不存在什么狭义的指导。每天早晨，我都要单独听取每个人来汇报前一天他们做了什么、对自己的工作有什么评价。然后我对他们的汇报表示赞成或反对，并让每个学生去寻找自己存在的问题。在这种朝夕相处、共同工作的环境中，大家形成了一种人人教我、我教人人的关系。我每周都要针对当时最重要的问题做两次简评，主要是总结我自己和学生的工作，还有其他化学家的研究情况。"

李比希学派在研究工作中采取了共同研究的方法，坚持统一的研究风格和科学思想，他们夜以继日地以快节奏、高效率勤奋而紧张地工作着，每天从黎明一直工作到黄昏，晚上当管理员要打扫实验室时仍无法把里面的人赶走。同样，李比希的学生们也都恪守这种作风，他们每天早晨5点30分起床，匆忙吃完早饭后，6点15分听弗雷泽组斯的定性、定量分析课程，7点听柯普的结晶学或者威尔的定性、定量分析，11到12点在实验室中上李比希安排的实验化学课；午餐后1点30分进入实验室，直到日落黄昏才出来；晚上点灯完成当日留下的作业，并查阅专业杂志。如此周而复始，可以说李比希和他的学生每时每刻都处于紧张的学习和实验中，在吉森，根本看不到任何浪费时间和玩忽职守的现象。

作为领导整个研究工作的核心，李比希鼓励他的学生为了化学的进步要不惜忍受身体上的痛苦，因此，学生们整天整天地泡在实验室中。李比希对制备化学试剂的工作特别重视，他认为只有用极纯的试剂才能做出精密的分析，所以他常常带着学生们制备各种各样的纯态试剂。由于实验室内没有通风排气装置，学生们不得不到实验室外临街的大棚子里蒸馏乙醚或蒸发某些挥发性液体。吉森实验室的学生每年都在增加，特别在1835年实验室扩建之后，实验室内总是挤满了人，大家都穿着蓝色长袍，头戴黑色或褐色细毛毡制成的高帽，有时也戴纸帽，这是为了防止在给火炉鼓风时吹起的炭粒落在头上或是化学试剂溅在衣服上，为了保护眼睛有时还得戴上防护眼镜。供高年级学生使用的大实验室通常总有10来个人在整天工作，里面有4张平行的实验台，最里面有两个大玻璃柜放各种药品、试剂及器皿。学生们实验时要分成不同的小组，以小组为单位完成实验项目。李比希和学生们并排站着，时而督导学生的实验操作、回答和解决实验中出现的疑难问题，时而向学生们提问。每当这时，师生之间便没有了平时的拘谨，他们愉快地交谈着，专心地工作着，使人忘记了疲劳。

李比希认为，一个成功的研究学派不仅要精诚团结、勤奋苦干，而且要注重培养学生尽早开始独立研究的能力，才能使学派得以健康发展，尤其要鼓励学生们在刚刚从事研究工作的时候就主动发表论文。为此，李比希发扬民主，让学生自由选题并按自己的方式完成论文，最后在他主编的《年鉴》上以学生的名义发表出来。李比希说："现在奖励年轻人的任何办法都没有比让他们在出版物中看到自己的名字为好。法国人有一种完全与此颠倒的制度，凡是在巴黎或外省完成的实验成果一律以教授的名义公之于世，这就挫伤了年轻人的锐气。在我这里工作的人都以自己的名字发表文章，即使他们得到了我的帮助也不例外。"作为一个学派的领袖，作为学生们崇拜的师长，李比希的大度与无私由此可见，而正是这种良好的学风使他领导下的吉森学派能够在分析化学、有机化学、农业化学、生理化学等领域中取得一系列成果。这些绝对不是某一位杰出的化学家个人所能胜任的，吉森实验室中李比希及其学生倡导的这种集体合作的精神顺应了科学发展的时代要求。

另一方面，由于有了《年鉴》这个完全由吉森学派自己控制的刊物，李比希自己及其朋友、学生可以毫不费力地把实验室的成果转变为公众知识，从而在群雄并起的年代巩固了学派的地位。

　　李比希不仅在内部组织讨论，在相互尊重各自信仰、风格和学术观点的基础上进行科学思想的交流，而且还与其他国内外大学或研究机构建立了广泛的联系，特别是与同行科学家互相访问或通信来往，进行充分的学术和人才交流活动。这样，在19世纪中期以吉森实验室为研究阵地和以《年鉴》作舆论工具的李比希学派，通过广泛的合作和交流享有了世界性的声誉，并具备了较强的竞争能力。

　　吉森学派是科学史上第一个成功的自然科学学派，在创建、发展这个学派的过程中，李比希表现出了卓越的领导才能。他制定了一个庞大而完善的研究计划，先是亲自设计了一套迅速、简便而又可靠的有机分析实验程序，并且教给每一个学生熟练掌握，以此为基础按部就班地对有机化合物作系统的分析。李比希学派对大量有机物的准确分析，使李比希得以提出和检验他在有机化学中的基团理论和多元酸理论，这是当时任何一个化学学派或化学家都不能比拟的。

当李比希的研究方向转向有机化学的应用时，他的研究计划也就随之而扩大。要运用化学方法对动植物的营养和发育进行研究，原来的分析方法显然是远远不够的，这就促使李比希指定弗雷泽组斯和威尔（H.Will，1812－1890）等人专门研究如何改进分析方法。经过他们的努力，李比希学派得以采用新的分析方法，对大量植物灰分和动物营养成分作了详细地分析，从而使李比希在短短的3年时间里总结出了他的农业及生理化学观点来。

李比希学派始终是按照有组织的研究计划从事科学活动，不论是对实验方法的改进还是设计新仪器，不论是在实验上作出重大发现还是提出新理论，所有基础研究和应用研究的成果，都是有效地实施研究计划的结果，它们是李比希学派的全部财富。

吉森学派之所以能够取得那么多的成果，就是因为李比希从自己的切身经历认识到实验对建立化学理论是多么的重要，他相信每一种新理论都需要人们去检验、去证实，只有在实验工作过程中人们才有把握作出新发现。他设计建造的吉森实验室设备先进而齐全，是世界各地学习化学青年向往的圣地。而且他本人就是个分析化学专家，经他改进的燃烧装置、钾球和冷凝器时至今日仍在普遍使用。同时，他还谆谆教导学生们要亲自动手实验、改进分析方法并设计制造新型仪器，要掌握从吹玻璃器皿、钻孔直到制造白金坩埚的一整套基本技能。另一方面，李比希学派还注意用化学理论去指导他们的实验研究，李比希把基团理论应用到有机酸的结构分析上，而霍夫曼用同样的理论去解释苯胺的一系列反应现象，这些都是把实验和理论结合起来进行研究的典范。

　　李比希对应用研究也非常重视，当他看到由于当时对动植物生活条件的研究属于化学的范围、因而使化学研究有可能促进农业的发展时，便不失时机地用化学的观点去阐明农业的特点，他的农业化学思想是人类自觉地应用科学思想干预农业生产过程的光辉典范。不仅如此，李比希也鼓励学生把自己的研究与生产实践相联系，密切注视国内外化学、化工发展的动态，接受来自生产中的课题而转向应用研究。

总之，作为一个学派的领袖，李比希是依照自己的研究方向制定出长远的计划，并采取实验、理论、应用相结合的办法一步一步地将自己的计划付诸实施，从而使学派获得了巨大的成功。而李比希的学生们则是在实施总计划的过程中，从自己的研究课题出发确定了他们未来的研究方向，如弗雷泽组斯和威尔因为被李比希指定改进分析方法而成为分析化学专家；凯库勒是从在吉森分析硫酸氢戊酯开始对有机化学理论产生了兴趣；霍夫曼则因受命分析轻油试样而最终在合成染料工业方面做出巨大贡献；默尔克（Merck）也是在吉森实验室发现了罂粟碱而后转入染料化学成为生产有机合成染料的工业家。其他如齐宁、热拉尔、霍斯伏特、威廉逊、沃哈德（制备过肌氨酸、肌酸酐、硫茂等）、施特莱克尔（研究过尿素衍生物，合成过2—氨基丙酸、乳酸、胍和酒石酸等）、费林（提出了单糖测定的方法和反应试剂）、索波列罗（首次制备了硝酸甘油酯）等也都是以在吉森时的工作为起点取得了日后的辉煌成就。

　　当时，与德国的其他大学如柏林大学、哥廷根大学等相比，吉森大学不过是一所名不见经传的地方性大学，教学环境差，研究条件落后，资金缺乏，但对于李比希来说，所有这些都不是束缚他手脚的绳索，而是上帝赐予他充分发挥才能的最佳舞台。在吉森，没有著名大学中那种特有的繁文缛节来缠心分身，可以一心一意地扑在工作上面，这使李比希感到由衷的快乐。他不仅以科学家的声誉为吉森实验室的建设争得了足够的经费，而且以其独特的科学才能和崇高的道德品质磁石般地吸引了众多的学生，李比希是吉森实验室的灵魂。

　　李比希不仅具有独创性思想和娴熟的实验技巧，

而且富有从事教育工作的天赋和严谨的治学精神。他站在当时化学领域的最前沿阵地，对于化学研究迅速发展的形势具有敏锐的洞察力，并能够高瞻远瞩随时掌握化学发展的新动向，从而使学生能够紧跟时代的脉搏去思考自己未来的研究课题。李比希在教学中除了讲授基础的化学知识，还亲临实验室指导学生做实验。他要求世界各地到吉森实验室来的学生学习能够在科学上有所发现的方法，要求他们检验某些观点是否真实，某些结果是否正确，同时还要为了提出新的观点来进行新的观察和发现。李比希不是为了好奇或荣誉来追求发现，他把发现的真实性放在首要地位。他耐心听取学生们每天的进展，思考他们的研究计划，观察他们的仪器安排和设计，验证他们的观察，听取他们所设想的理论，对同学们加以鼓励也加以批评。他不仅要求学生积累资料，对事实加以思考同时要他们根据比较、分类和论证，把资料加以联系和补充，并且引导他们对于理论上的每个弱点加以批评，通过各方面的仔细考证来证实或否定他们提出的结论。正是由于李比希采取了这种正确而有效的教育方式，学生们迅速地从导师那里学到了科学研究的方法，并切把这种方法体现在自己的独立研究上。

李比希热爱科学，对研究工作自始至终都有一股不衰竭的精力，而他的学生们以能够成为吉森学派的成员而感到自豪和骄傲。在1875年纪念李比希时，他最得意的弟子霍夫曼无限感慨地说："如同各个时代的所有伟人一样，李比希是其军队的精神和领袖。如果要问为什么有人如此狂热地追随他，那是因为他是一个令人钦佩和爱戴的伟人。在这里我热情地为他致悼词，因为我们都曾是他的学生。现在，我们虽然已经成年，但还清楚地记得他对我们每个人的技能和观点的支配，也清楚地记得我们作为他的学生是如何按照他的要求着手、并沿着他指引的方向前进。我们过去感觉到，现在也还感觉到，而且只要我们活着我们就决不会忘记他对我们的影响。如果有什么东西比他亲手完成的工作数量更令人惊奇的话，那就是他引导我们所作的大量辛苦的化学研究工作。我确信他反过来也喜爱我们。他的谆谆教导和音容笑貌时时表现出对我们的关心和帮助，他的赞成往往是我们的荣誉和其他方面引以为自豪的象征，而我们最值得骄傲的是有李比希这样一位导师。"李比希以独特的风格和气质，吸引了一大批热爱科学、好学上进的青年围绕着他形成了一个非凡的团体。

李比希学派的成功，成了世界各国发展科学事业和组织科学研究的光辉榜样，对近代科学的发展产生了深远影响。它在28年的辉煌历史中始终奉行教学与研究相统一的原则，使许多青年人汇聚到吉森实验室中，与以往绝对不可能的方式去解决一系列个人不可能完成的课题。由于吉森体系在科学教育和科学研究中的高度有效性，它首先在德国大学的化学教育中获得模仿，并逐步渗入生物等学科领域中，然后以德国大学作为发源地以燎原之势在欧美国家的大学中纷纷传播开来。

在德国首先采用吉森体系的是李比希的朋友、合作者维勒（F.Wohler，1800－1882）。他从斯德哥尔摩回到德国后先后在柏林和卡塞尔从事教育工作，虽然没有机会像李比希那样创造一个实验室，但却独立进行了许多化学研究，到1836年维勒在化学界的地位已经相当巩固。当他在哥廷根的奥古斯塔斯大学任教后，利用以前的实验室完全按照吉森的方式组织了他的化学学派。

与此同时，李比希的学生们在德国各地办起了许多吉森式的机构。弗雷泽组斯离开吉森之后到了威斯巴登担任化学教授，由于他从父亲那里得到了一笔资金，便于1848年仿效李比希建立了一个至今闻名于世的实验室，它具有进行分析化学教学和分析化学研究的双重作用。这个实验室最初是设在弗雷泽组斯的家中，现名为"弗雷泽组斯研究所"，仍由他的后代主持。实验室建立之后，他又于1862年创办了《分析化学杂志》，这份杂志一直由他及其家族编辑出版，与实验室一道，对分析化学的发展起了重大的推动作用。霍夫曼则于1864年将波恩大学实验室按照吉森模式改建成一个新的实验室，一年之后在柏林大学领导筹建了第一个化学工业实验室，他门下的许多德国学生都成为19世纪后半期德国的化学工业家。此外，凯库勒于19世纪60年代在德国形成了以他为中心的有机化学学派，其中包括一些化学工业家，而且1860年他发起了在卡尔斯鲁厄召开的第一次国际性化学家大会，在这次会议的代表中德国化学家占了大约50%，为以后国际性学术会议的举行创造了良好的经验。就这样，吉森体系在德国许多大学中传播起来，使德国的化学化工人才辈出。他们都以李比希那种科学精神投身于德国到科学和工业事业，终于使化学中心从法国转移到德国，而德国化学工业也迅速超过了英国。

在化学之外，首先采纳吉森体系的自然科学领域是生理学。柏林大学的米勒像李比希一样，也反感自然哲学，相信所有科学进步都是来自于经验，1833－1858年间他在自己的实验室中以吉森方式来进行教学。而路德维希在苏黎士（1849）、维也纳（1855）、莱比锡（1865）等地都创办了大小不同以实验室为基础的机构。路德维希在马堡当过学生，后来做过讲师和副教授，他非常了解本生的工作，并通过本生而深受李比希的影响，他发明过许多简便而有多种功能的仪器，使学生们完成了一系列分析和测量工作。而且在路德维希的实验室中，实验成果也往往是以学生个人的名义发表，这与吉森实验室是完全相同的。

由此可见，李比希学派的科学组织和科学教育在近代社会中的普遍确立、即近代科学的进一步制度化过程中确实起了很重要的作用，李比希学派对整个近代科学产生了广泛而深刻的影响。

有机化学大师

　　到19世纪初期，无机化学已经取得了长足的进展。自1789年法国大科学家拉瓦锡提出氧化学说、奠定了近代化学基础之后，英国道尔顿（J.Dalton，1766－1844）的原子论、意大利阿佛伽德罗（A.Avogadro，1776－1856）的分子假说、贝采里乌斯和戴维（Humphry.Davy，1778－1829）的电化二元论，这些无机化学领域中的定律引导着欧洲各国化学家在无机化合物的分析与合成、元素原子量的测定上做出了许多工作，从而给以后原子分子理论的形成和元素周期表的确立提供了坚固的实验基础。

与之相反，有机化学则是一个正在兴起的领域。1780年瑞典的贝格曼（T.O.Bergman，1735－1784）第一次将来源于动植物的"有机体"同来源于矿物质的"无机体"区别开来。1806年贝采里乌斯则第一次提到"有机化学"一词，但它主要是指动植物的化学。真正标志有机化学独立的，是1828年维勒合成了尿素。但这时有机化学的研究仍然主要在对天然物质（植物、动物体）的分离提纯上；有机元素分析方法还不完善；有机化学理论尚未建立，有机合成虽然刚刚起步，但没有理论指导而处于盲目阶段，醋酸可以用19种不同的化学式写出，而每个化学家都认为使用自己的一套化学表达式是独立见解的标志。维勒在给他的老师贝采里乌斯的信中这样写道："有机化学当前足以使人发狂，它给我的印象，就好像一片充满了最神奇东西的原始森林；它是一个狰狞的、无边无际的、使人无法逃得出去的丛莽，也使人害怕走进去。"这种比喻恰如其分地描绘出当时化学家们的处境。

当李比希开始登上德国化学舞台时，德国化学家多数活跃在无机化学领域。特别是作为贝采里乌斯的德国学生，蒂宾根的盖梅林、柏林的罗塞和米希尔里希、等人都集中在这个领域，就连维勒也是强烈地偏向于无机化学。而对新兴的有机化学领域几乎没有什么人涉足。由此李比希率领他的学生掀起了研究有机化学的热潮。

1829－1839，李比希的主要目标是奠定有机化学的基础。他作为一个高瞻远瞩的化学家深知，实现这一目标的基础是发展一种可靠的有机化合物分析的实验方法。而一旦掌握了这一武器，他便可成功地在有机化学领域中驰骋纵横。在有机元素分析方面，拉瓦锡第一个提出了燃烧有机物的方法，即在钟罩里的氧气中燃烧有机化合物，然后测定生成的水和二氧化碳。盖·吕萨克和泰纳又把它改进为：在烧杯中将实验样品和氧化剂（先是氯酸钾，后是氧化铜）一起燃烧。李比希从盖·吕萨克那里已掌握了这种方法，同时也知道贝采里乌斯在进行有机分析时所使用的更为精细的方法：将化合物与氯酸钾混合燃烧，产生的水冷凝，剩余的用氯化钙吸收；二氧化碳在引入钟形罩内以后，再以固体苛性钾吸收。但当李比希用常规的燃烧方法去测定生物碱含碳量时遇到了困难，因为生物碱是高分子量有机物，在测定碳时只要有1％的误差就会得出错误的实验式。他认为分析足量的有机物有可能解决这个问题。为此，李比希做了关键性的技术创新。他采用一种燃烧装置，将有机物和氧化铜混合置于其中加热燃烧；产物经氯化钙管吸收水分，再经过五个相连的钾球（内装氢氧化钾溶液）充分吸收二氧化碳，然后经过装有固体苛性钾的玻璃管以吸收残余二氧化碳和水分；最后称量各吸收管计算碳氢氧含量。使用这种方法，一次分析的有机物量就10倍于原有方法。到1830年，终于把碳氢分析发展为精确的定量分析技术，并成为化学界的标准分析程序。

尽管李比希的这套分析有机化合物的燃烧装置后来被杜马测定氮的方法所补充，但毫无疑问，正是由于有了这套准确、简单而又迅速的科学的有机元素的分析方法，李比希不仅能在比前人短得多的时间内分析更多的化合物，而且可以教给他的学生进行这样的分析，所以在吉森实验室里每年可以分析400多个有机化合物。对如此高的研究速度和工作效率，李比希深感欣慰，他写信告诉维勒自己的方法要比贝采里乌斯的可靠而且迅速200倍："贝采里乌斯分析7种有机酸用了18个月时间，舍夫勒则花了13年来分析他所发现的各种脂肪族化合物。用我们现在的方法，贝采里乌斯顶多需要4个星期，而舍夫勒可能只要2年就比得上13年了。"霍夫曼更是把这套方法誉为"有机化学惊人发展的主要根源"，认为它比李比希其他任何一项伟大的发现更伟大，可以造福于子孙后代。

在李比希看来，实验室研究，包括分离、提纯和合成，特别是分析作为实验数据的来源是特别重要的，他的有机分析燃烧装置就是一个关键性的技术创新。他和他的学生们用这种方法，分析了大量有机化合物，得到了精确的结果，并进而给出了这些化合物的分子式，帮助人们逐渐弄清了化合物的类之间的关系。这些工作为有机化学理论的形成打下了基础。

然而，这毕竟是个起点，随着实验数据的不断积累，就必须提出某些理论来帮助人们理解这些数据。事实上，李比希在有机化学中的基团理论和多元酸理论，以及农业化学和生理化学理论一直是吉森学派进行研究的中心方向。

最先用近代化学原子团来解释基团概念是德莫沃1787年提出的。拉瓦锡认为有机体和无机体的形成过程是相同的，特别是含氧物质是由氧和一个基团组成的。继他之后，1817年贝采里乌斯把自己在无机化学中总结出的电化二元论推广到有机化学中，认为有机物是带正电荷的复合基与带负电的氧组成的化合物。这实际上是基团理论的雏形。尽管1815年盖·吕萨克已发现了氰基，但多数化学家认为它属于无机化学，因而贝采里乌斯没有立即发表这个观点。到1828年杜马等人提出了一种理论，认为乙醇和乙醚是由成油气或乙烯与水组成的化合物；贝采里乌斯把成油气命名为乙太林，但他却根据电化二元论将乙醇和乙醚解释为两种不同基团的氧化物。随着人们对有机物内在本质的进一步探索，这种老的基团学说就受到了挑战。

实际上，氰基不仅仅属于无机化学，它在有机化学中也存在，正是氰基概念引导李比希发展了基团理论。当李比希和维勒从对雷酸和氰酸同分异构现象的探讨转向对苦杏仁油（苯甲醛）的研究时，逐步认识到盖·吕萨克发现的氰基基团从一种化合物转移到另一种化合物里的现象并非唯一的一种情况。他们弄清了前人将苦扁桃苷转变为苦杏仁油的秘密，又把苦杏仁油氧化成苯甲酸（安息香酸），并制备了一系列衍生物。经分析之后，结果发现这些衍生物都含有同一个三元素基团C_7H_5O，它在这一系列反应过程中始终保持不变，他们称为苯甲酰基。从下边几种物质中就可以看出这个共同点：

苦杏仁油（苯甲醛）　　　C_7H_5O　　H

苯甲酸（安息香酸）　　　C_7H_5O　　OH

苯甲酰氯（或溴、碘）　　C_7H_5O　　Cl（Br、I）

苯甲酰氰　　　　　　　　C_7H_5O　　CN

苯甲酰胺　　　　　　　　C_7H_5O　　NH_2

当1832年这项成果以"关于苯甲酰基（安息香酸基）的研究"为题在《年鉴》上发表之后，引起了化学家们的注目。贝采里乌斯起初对这一发现极为赞赏，把它称为植物化学上一个新时代的开端。苯甲酰基是继氰基发现后的又一个有机基团，无疑是对基团理论的一个支持。但由于它是一个含氧有机基，既可以与带正电荷的氢化合，又可以与带负电的氧化合，而这是直接违背电化二元论的，因而贝采里乌斯不久又否定苯甲酰基的存在。到1834年，李比希的法国同学杜马提出了取代说，认为有机基团内带正电荷的氢可以被带负电荷的氯取代，直接导致了电化二元论在有机化学中的垮台，从而引起了有机化学的变革。在这场变革中，李比希始终采取了积极进取的态度，并在《年鉴》上声明："我不赞成贝采里乌斯的意见，因为它们建立在一大堆没有任何证据的空洞假说的基础上。"总之，李比希和杜马都反对贝采里乌斯把基团视为一成不变的东西。

李比希虽然不赞成以电化二元论解释有机化合物的形成，但相信有机基团的存在，他仍然在寻找实验事实来充实基团理论。继苯甲酰基发现之后，李比希于1834年又研究了乙醇和乙醚及其衍生物，发现了乙基（同年杜马也发现了甲基）。李比希认为乙醚是乙基的氧化物，而乙醇则是这种氧化物的水合物，盐酸、氢碘酸、硫酸等对乙醇作用而形成的物质是氧化乙基的盐化合物，并以钾作用于乙醇的氯化物或碘化物，由此预言有可能分离出醇基。恰是在这里，李比希反对杜马的乙太林说，并抹杀了凯恩（R.Kane）在1838年就阐明的乙醇、乙醚和其他酯类都有乙基存在的功绩。1837年李比希访问巴黎劝说杜马接受乙基说，并联合起来发表一个研究纲领呈交皇家科学院，断言有机化学拥有自己的元素，它们的作用有些像无机化学中的氯或氧，有些则相反像金属一样。氰、氨基、胺、苯甲酰基、脂肪类物质、乙醇及其类似化合物，它们都是有机化学赖以建立的真正元素，而不是像碳、氢、氧和氮那样只有当有机物完全分解之后才出现的终极元素。他们认为无机化学的基团是单质的，有机化学的基团是复合的，这是两者唯一的区别，而其他化合和反应定律在化学这两个分支中都是适用的。在这个基础上，李比希抛弃那种"不变基"的概念，吸收了取代学说中基团可被其他原子或基团取代的思想，给出了有机基团的科学定义：

第一，它是一系列化合物中不变的组成部分；

第二，它在这些化合物中可以被其他简单物（元素）取代；

第三，它与某种简单物化合后，这种简单物可被等当量的其他简单物代替。

只要具备以上至少两个条件，一种原子复合物便可被称为真正的有机基团。李比希的这个可取代的基团定义，在现代化学中仍然成立。他的有机基团理论此后又得到德国本生（R.W.Bunsen，1811－1899）的二甲胂基和弗兰克兰的醇基的支持。特别是后者作为李比希的学生成功地制得了一系列烃，无论按其形成方式，或按其实验式来看，它们都被视为游离的醇基，给李比希提出的乙基说的正确性提供了一个满意的证明。虽然后来发现这些烃并不是游离的基团，但却给基团理论的拥护者们带来了巨大的鼓舞，促使他们对基团进行了多方面研究，从而极大地促进了有机化学的发展。

基团理论是李比希学派进入"有机化学黑暗森林"的一条通路，李比希和维勒在发现苯甲酰基之后高兴地说："如果说我们在黑暗的有机领域中觉察到了一线光亮，它预示着我们有可能接近了通向探索这一领域的正确道路的大门，那么我们将有理由为自己庆幸。"此后，李比希的学生们沿着导师开辟的道路，将有机基团理论加以发挥和扩展，使得有机化学逐步向有机结构理论迈进。李比希曾认为乙醚是乙基的氧化物，1850年武兹（C.A.Wurtz，1817－1884）偶然制得了甲胺和乙胺，1850年霍夫曼证明氨中所有氢原子能够相继被乙基取代生成三种胺（伯胺、仲胺和叔胺），从而创造了有机化学的氨型。而热拉尔于1839年提出了残渣理论，认为两个分子起反应时，每个分子都消去一部分，化合成简单化合物（水、盐酸，等等），同时"残渣"或者基团（不一定呈现游离状态）也化合在一起；特别是1853年提出了一种"新类型理论"：将有机物划分为水型、氨型，以及烃的氢型和氯乙烷的盐酸型。凯库勒于1857年把四原子价的碳衍生出来的沼气型添加到热拉尔的类型理论中。但是，奠定了原子价学说基础的首先是弗兰克兰，他在1852年就指出氮、磷和砷的化合物，具有可形成三个或五个其他元素原子的化合物的倾向；按照这样的比例，这些元素的亲和力得到最大的满足。所以，在三原子（三价）的基团中有NO_3、NH_3、NI_3、NS_3，在五价基团中有NH_4O、NH_4I、PH_4I等等，不管化合的原子的性质如何，吸引元素的化合力总是要同样数目的原子才能满足。在1858年凯库勒又把沼气型扩充到所有碳的化合物上，同时清楚地认识到碳是四价的，进而提出了碳链理论。在这些基础之上，齐宁的学生布特列洛夫（A.M.Butlerov，1828－1886）最终提出了有机化学结构理论。

关于酸的概念，拉瓦锡按照其氧化学说认为酸是一种非金属的氧化物。在1814年戴维确认了卤族元素是单质体，并预言了氢酸理论（例如盐酸是一种氯和氢的化合物），认为酸是其中氢可被金属取代的氢化合物。大约同时，盖·吕萨克折中以上两种理论提出了"所有酸可分为氧元素酸和氢元素酸"。贝采里乌斯一直坚持拉瓦锡氧元素酸理论，到1823年才接受了卤族元素的单质性这一事实，并采用了盖·吕萨克的酸假说。

　　从1830－1837年期间，吉森实验室进行了一系列有机酸的研究，主要包括蜜石酸、氰尿酸、安息香酸、尿酸（和其衍生物）、柠檬酸、袂康酸、酒石酸、苹果酸、天冬氨酸、单1838年，李比希在其《年鉴》上发表了"论有机酸的结构"的著名论文，在这篇论文中，李比希再一次提出了戴维的氢酸理论，指出这一理论除适用于卤酸外，还可以推广到硫化氢、亚硫酸及硫酸、磷化氢、亚磷酸和磷酸，即这些酸都是氢的化合物，其中的氢可被金属取代，结果形成盐。同时，他发展了英国格雷姆（T.Graham，18050－1869）关于酸的碱度的思想，提出了像磷酸这样的多元酸必须能形成一个当量以上的碱的盐，并将它用于有机酸的说明上，从而提出了有机多元酸理论。李比希认为，和磷酸一样，像氰尿酸、袂康酸、柠檬酸、单宁酸等许多有机酸能同一个以上的碱基化合成盐，也就是说这种一个分子的有机酸能和几个分子碱化合，例如酒石酸作为二元酸可形成罗谢尔盐，并由此按照戴维氢酸理论说明：有机酸是由有机酸基团和氢组成，例如袂康酸、焦袂康酸；酸的本质决定于被金属或碱取代的氢的个数；如果取代氢的金属或碱当量在一个以上，即氢数是多个则该有机酸是多元酸。由于这一理论是建立在李比希学派对大量有机酸分析的权威性论据之上，因而在有机化学领域中得到迅速而广泛的采用。

但是，李比希的有机多元酸理论并不是没有缺点，它关于酸的碱度准则使李比希遇到了一些麻烦。后来，有机多元酸理论又被热拉尔与其朋友罗朗进一步发展。在热拉尔看来，如果一种酸与任何碱形成酸式盐或复盐，或者含有两个或两个以上的能被金属取代的氢原子，那它就是二元酸。但他发觉，这种酸最显著的特征在于：它能形成几个酯，氢原子可被醇基逐个取代。罗朗则补充说，作为多元酸性质的又一特征是它能形成两个或两个以上的氨基化合物。他们认为盐和酯与酸本身属于同一类型，并提出一个酸价的标准：如果一个酸只能生成一个无机或有机盐或中性氨基化合物，则该酸是一元酸；如果能生成一个酸性、一个中性无机或有机盐或氨基化合物，则是多元酸：

硫酸　　　　　　　　　　H_2SO_4

中性硫酸钾盐　　　　　　K_2SO_4

酸式硫酸钾盐　　　　　　$KHSO_4$

中性硫酸酯　　　　　　　$SO_4（C_2H_5）_2$

酸式硫酸酯　　　　　　　$SO_4（C_2H_5）H$

草酸　　　　　　　　　　$H_2C_2O_4$

中性草酸钾酯　　　　　　$C_2O_4（C_2H_5）_2$

酸性草酸钾酯	C_2O_4（C_2H_5）K
中性草酸胺	C_2O_4（NH_2）$_2$
酸式草酸胺	C_2O_4（NH_2）H

这就是早期通过对类似的化学现象的解释来确定各分子的相对重量的一种尝试。应当说，热拉尔和罗朗正是在发展李比希有机多元酸理论、使之日臻完善的基础上，以他们关于原子与分子相对量（当量）的推理，最先精确地为原子、分子这些术语下了定义，因而在近代化学体系的创立上占据着重要的地位。

总之，有机基团理论和有机多元酸理论是李比希对19世纪30年代的化学界最重大的理论贡献；自贝采里乌斯的地位动摇之后，李比希和杜马被列为有机化学理论方面的最高权威或领袖。

李比希是19世纪最伟大的化学家之一，一生中分析过大量有机化合物，在记忆和鉴别化合物特征方面有着异乎寻常的能力，留下了一些颇有传奇色彩的故事。有一天，李比希收到维勒寄来的尿囊素结晶体，他马上想到7年前自己就分析过这种化合物。助手们都表示怀疑，这简直是不可思议的事，因为样品与数百种白色粉末的化合物在表面上区别太小了！在李比希的指点和督促下，助手们从贮藏室里找到了李比希要的东西，经分析，它真的就是尿囊素，不过是含有杂质罢了。只有亲手进行过无数次实验、积累了大量资料和经验的人，才有可能做出如此准确的判断。

关心农业的化学家

　　1839年前后，李比希开始转向应用化学领域，其研究方向有了明显的变化。

　　1837年，李比希应邀出席英国科学促进会年度大会，作了有关有机化学现状的详细报告。他在英国亲眼目睹了工业革命给英国带来的巨大影响，同时参观和考察了英国许多化工厂和农业技术，发现不论是在生产工艺过程中还是在农业技术中并没有很好地应用化学的理论成果。对形势发展有着敏锐洞察力的李比希，感到他所处的时代正是把化学理论应用于生产实践、从而确立化学这门科学的社会地位的好时机。他认为，化学学科在当前所面临的问题是，化学在生产上的应用比基础理论更为重要。于是，李比希回国后不惜抛弃自己在有机化学上的权威性地位而转移到应用化学方面，即化学在农业和生理学中的应用。

　　1840年，李比希发表了在农业科学史上最重要的理论著作《化学在农业和生理学中的应用》，这是他对有机化学与农业和生理学关系的系统研究的结晶。这本391页的著作在布隆茨维刊行第一版，立即引起巨大的社会反响。到1846年，短短6年间这本书已先后印刷6次。1862年，该书在出第7版时，李比希把它增补成两厚册，并写了一篇论述农业、矿物学发展史、论述农学和经济学关系的长序。这篇序言成为农业发展史上的重要思想文献。1865年，该书第8版刊行。李比希去世后两年，1875年，该书又出了第9

版，化学家的农业著作受到社会上的极大关注。

可以说，近代农业化学革命就是从这本著作开始的。在此以前，农业虽然是人类最古老的生产技术，但科学界对农业却关心甚少。李比希的著作开始将化学知识系统地引进古老的农业技术中，土壤的结构、肥料以及化学肥料等等从此成为科学研究的对象。从李比希开始，科学研究的成果就源源不断地引进农业技术中，农业生产力得到了迅速的提高。社会上对李比希农业化学著作的热烈反响，说明了古老的生产技术在19世纪也渴望着用科学来改变自己的落后面貌。实际上，在1800－1840年这一期间，已有许多人在他们关于土壤和植物的著作里阐述了大量农业化学的基本原理，但没有一个人像李比希那样在《化学在农业和生理学上的应用》中企图通过审视大量的实验数据而建立一个农业化学体系。

然而，新的理论必须建立在严格的实验基础上，并接受更精确地实验分析的验证。不错，李比希的有机分析方法对于他阐述其新的农业化学观点、生理化学观点具有巨大的作用，但他初版的《化学在农业和生理学上的应用》在内容上仍然存在许多错误，等待着实验上的纠正。例如在书中他指出100份小麦茎秆可以烧出15.5份灰分，同量的大麦茎秆能烧出8.54份灰分，但是100份燕麦茎秆却只能烧出4.42份灰分，而这些灰分的组成是相同的。根据这些分析，他得出结论：在同一块土地上，种小麦只能长一造，大麦可以长两造，燕麦则可以长三造。实际上，这一实验中每个论断都是错误的，可是他却用非常武断而又毫无条件的语气说出来。由于引用了这样一些不可靠的分析结果，导致该书许多部分受到错误的影响。出现这些错误的原因，自然是由于当时他并没有做什么植物灰分的分析，但从1842年后，在吉森实验室中便开始非常努力地进行这项分析工作了。

李比希在其修正错误的过程中逐步认识到，农业化学和生理化学的进步，必须要改进和发展新的分析方法，否则，理论的根基就会受到动摇。于是，李比希指定他的学生弗雷泽组斯、威尔等从事改进分析方法的研究，在此基础上他俩于1846年分别出版了《定性分析和定量分析》和《吉森实验室定性分析课程大纲》两本经典著作。弗雷泽组斯主要发展了硫化氢的定性分析系统，他认识到硫化氢气体在不同酸性、碱性条件下沉淀出不同种类的金属硫化物，由此将金属分成6组，然后用各种金属的不同特征反应将金属鉴别出来。弗雷泽组斯的《定性分析化学导论》和《定量分析导论》在19世纪下半叶由我国学者徐寿译成《化学考质》、《化学求数》，在1884年前后出版，是译成中文介绍到我国来的两部最早的分析化学著作，促进了定性分析和定量分析在我国的发展。威尔则于1841年研究了测定氮的分析方法，即通过将样品同碱石灰一起加热使氮转变为氨的办法。这种方法虽然缺少杜马测氮方法的那种可靠性和普遍适用性，但它对于许多工业上和生理学上的化合物如蛋白质的测定仍是相当令人满意的。可以说，这些对分析方法的改进，是李比希在农业化学和生理化学中的第一个成果，在某种程度上讲也是最好的成果。只有在这些成就的基础上，李比希及其学派对于土壤、植物、动物的成分才能获得可靠的知识。

李比希农业化学的整个理论是基于他的一种自然界有机过程的再生循环观念："整个动物、植物、矿物界的各种现象之间存在一种具有规律性的相互联系，这种相互联系是地球表面上生命赖以生存的基础。也就是说，生物界与无生物（矿物）界之间存在着一种再生循环，植物吸收无机物合成有机物，动物摄取植物以维持生命，动植物死亡后，经分解后又回归无机物质。正是这一思路促使李比希来研究植物生长的化学条件。"

根据这一观念，李比希提出了他的农业化学的核心理论，即物质补偿法则。他认为植物的栽培导致土壤的肥力逐渐衰退，为了恢复土壤的肥力只有把损失的土壤成分全部归还给土壤，才能提高农作物的产量。那么农作物从土壤中夺走的营养物质是什么呢？为此，李比希以其丰富的农业化学知识，指导学生对土壤成分、植物营养成分、粪肥的化学组成进行了广泛而系统的分析，表明：

第一：绿色植物的养料都是由无机物或矿物质构成的。

第二：能被植物吸收利用的无机物质，在当时已知的有碳、氢、氧、氮、钾、钙、铁、锰、硅、钠、氯、硫和磷等。

第三：植物的营养成分可以分成两种，一种是大气的营养成分，一种是土壤中的无机物养分。

第四：第一种植物营养成分例如二氧化碳（在这里他把氮也归为这一类）作为大气成分能够在自然界的循环过程重新回到空气和土壤中。

第五：第二种植物营养成分只有人类有效地干预才能达到有效的补偿。

他认为动物和人类的粪尿等一些有机物质，是不能直接被植物吸收的，因而这些有机物质对植物的作用是间接的，也就是说来自动植物的有机肥料，只有分解成为无机的化合物并归还到土壤中去，才能为植物吸收利用而达到补偿的有效作用。

这是人类自觉地用科学思想干预农业生产过程的光辉典范。李比希的思想是农业化学、肥料学的理论基础。有了它，人们立即明白了应该怎样去干预农业生产，于是化学肥料工业就这样迅速成为一个新兴的产业部门。

李比希以他的物质补偿法则为基础，充分肯定了厩肥、人粪尿等有机肥的作用，因为它能把从土壤中取走的部分营养成分再归还给土壤。他说："民族的发生和发展与国土的肥沃性相关，随着土壤肥力衰竭的来临，民族也会绝迹。否定了维持土壤肥力的条件，国家就要灭亡，保持这些条件，就可以保持这个国家的富强和永世长存。"因此，为了国家赖以生存的根本财富，就要保存全部粪肥，并要妥善地把它全部送回到土壤中去。问题在于粪肥经常是不够用的，因为许多粮食、畜产品被运到了城里去，而一些近代城市又使用抽水马桶，使人粪尿通过下水道流向海洋里。自然界缓慢的分化过程，虽然也能使一些无机的矿物质变成能被植物吸收利用的形式，但却难以满足连茬种植的作物对无机营养物质的大量需求。这就促使李比希研究人工肥料，借以补充或代替有机肥料。

从1845年开始，李比希着手进行化学肥料的实验。他把钾盐、磷酸等无机盐按相当于各种作物灰分含量的比例制备成难溶性物质，并加入少量的氨，制成所谓"李比希专利肥料"，卖给一个英国化学家兼厂主、英国制碱工业的创始人、也是他的学生穆斯普拉特（James Muspratt，1793－1866）在英国生产出售。这种冒险行为严重地阻碍了其农业化学理论的发展，没有一个地方因施入这种肥料而引起作物增产。为此，李比希感到惊愕和沮丧，他在吉森郊外购得大约4公顷的不毛之地，亲自进行栽培实验，但多少次实验均未生效。不仅如此，通过在英国进行的"李比希专利肥料"与氨水的对照实验，证实后者是有效的。不过，这次失败不是由于理论上的错误和不足造成的，而是出于李比希的两个错误认识。首先，他预期如果肥料由水溶性物质组成则会被雨水冲刷掉，因而必须制成难溶性的化合物；其次，他始终坚信植物可以从大气中的氨获得足够的氮化合物，因而低估了氮对植物的影响。直到1850年，李比希经过多年的摸索，在另一些化学家的启示下才终于了解到，土壤本身的物理性质可保持和吸收可溶性盐而不必担心可溶盐被雨水冲掉。于是，他把化学肥料制成可溶性化合物，这才获得了极其显著的效果，从而使德国化学肥料工业由此诞生。

至于植物对肥料中氮的需要问题，李比希迟迟不肯承认这一点，因为如果这样就会抹杀传统的腐殖质理论（该理论认为植物从土壤的有机质部分，即

腐殖质中吸收营养成分）和李比希的农业化学理论
（在他看来，氮是植物的一种有机营养成分）之间的
明显区别。他的观点引起了很多专家的激烈反对，人
们把李比希和他的支持者称作"矿物质论者"，而把
他的反对派称作"氮素论者"。两派针锋相对，李比
希大动肝火地参加了这场争论。他的英国学生吉尔伯
特（Joseph Gilbert，1817－1901）和同事劳斯（John
Lawes，1814－1900）克服了这一缺点，他们在1855
年共同考察了人工肥料在农业上的使用情况，认为大
多数植物都需要含氮化合物的肥料，如铵盐和硝酸
盐，只有豆科植物如豌豆等可以不靠氮肥而发育茂
盛。这样，李比希没有弄清的自然界氮循环才逐步被
揭示出来。但无论如何，李比希关于人工肥料的制造
和实践确为现代化学肥料工业奠定了基础。

　　直到晚年迁居慕尼黑之后，李比希还忘不了向邻
近的农民普及科学知识，教他们如何合理使用土地。
李比希认为，为了无条件地补充由于农业生产经营而

离析去的矿物质，应大力提倡利用人粪尿、草木灰、尿粪石、磷灰石等。今天，当人们日益认识到生态平衡的重要性时，李比希当时的这些思想是非常难能可贵的。尤其是在他认真地研究植物营养和生长的基础上，反对那种牺牲后代利益的掠夺性耕作，否则人类将要受到惩罚。他援引了大量历史事例来阐明这一重要观点。

与此同时李比希的《化学在农业和生理学上的应用》引起了许多农业化学家的兴趣。在英国，李比希的学生普莱费尔不仅将其著作译成英文在许多国家出版，而且在几个农场按照李比希的观点进行了大规模实验。而俄国的伊里延柯夫、美国的诺顿等都在宣传李比希的农业化学思想。同时还有许多人作为李比希的学生和继承者在欧美各国开始建立农业实验站，提出很多方法以执行李比希所设想的严密的农业科学研究计划。可以说，从1839年李比希转向农业化学的研究课题，为现代农业科学的出现迈出了关键的一步。

脱掉旧羽而新生

　　1840年李比希完成了他的农业化学著作后，又以同样的热情开始了动物化学的研究，他相信凭借自己对有机化合物化学性质的深入了解，完全可以推断出在生物体内所发生的化学转换过程，而且可以用定量的化学方法解决了生理学家们未能解决的问题。他希望通过自己的工作，使生理学在其发展过程中得到化学的帮助，分享化学进步所取得的成就。

　　1838年荷兰的马尔德（G.J.Mulder，1802－1880）发现了植物蛋白、动物纤维蛋白、酪蛋白等的组成相同，与此同时，李比希已经注意到了对营养物的研究。在以后的3年中，李比希的学生们验证并扩充了马尔德的研究成果，霍斯伏特研究了动物食物的营养价值，凯库勒对小麦面粉的植物胶质进行了分析，还有其他人对动物体内的肌肉、脂肪、血液、分泌液等也做了广泛的分析实验。在此基础上，李比希断定动物吸收了血液中的主要营养成分，并提出当动物在呼吸过程中消耗淀粉、糖和其他非氮化合物的时候，含氮的植物性营养成分被血液和有机组织所吸收。在1842年李比希将这一观点深入详细地写入了《动物化学和有机化学在生理学和病理学中的应用》这一著作中。

　　在书中，李比希提出动物的热量仅仅是来源于营养物中碳和氢被氧化成二氧化碳和水的反应。其实，早在拉瓦锡作燃烧和呼吸的实验时就已经提出这种思想了，但对生理学没有什么影响。有一段时间，有一些生理学家或化学家提出了其他一些观点，例如贝采里乌斯就认为热量是神经系统中相反电荷的作用，而不是肺中的化学氧化过程。李比希虽然没有新的证据证明拉瓦锡的正确，但他从自己对化学反应的了解中知道没有别的可能性，而且德国的迈耶（J.L.Meyer，1830－1895）在《年鉴》上发表的论文中描述的能量守恒定律，即"力"的不同形式在总量不变的情况下可以互相转化更使他坚信：虽然营养物在体内可能进行各种不同的转化，但呼吸氧化是个基本反应。除此之外，李比希还检验了在动物体内营养物的变态、呼吸交换、食物摄取、排泄和产生的热或功之间的比例关系。

除了确定动物热来源的基本原理外，李比希试图推断两种营养物在体内进行的实际的化学转化：其一是胶质的含氮营养物，包括植物纤维蛋白、蛋白元和酪蛋白，以及动物肉质和血液；其二是非含氮或呼吸用的营养物，包括脂肪、碳水化合物和酒饮料。第一类营养物用于组成血液和肌肉、软骨、神经、大脑及其他细胞组织，也是肌肉运动的能量来源。第二类营养物只有借助于第一类营养物的含氮成分，才能使其中的碳和氢氧化得更快，以产生足够的动物热量。李比希把营养物分为胶质的和呼吸的两组，严格来讲并不正确，特别是肌肉运动的能量来源于胶质（蛋白质）食物因而手工劳动者需要大量的动物食物。这一错误观念后来被弗兰克兰等人证明是不正确的，他们进行了不同食物的燃烧热研究，表明它们都是存在于血液中的"可燃性食物"，蛋白质主要用于有机体组织的生长和维持。但是普莱费尔却始终坚持李比希的理论，而李比希自己在1870年还允许这一错误的存在。因此，直到1891年普吕格（Pfluger）还在修正李比希的理论，他表明脂肪可以通过体内蛋白质而形成。

李比希的发酵理论也是独树一帜。1836年他和维勒对扁桃苷进行了研究，这是他们在研究苯甲酰基时留下的课题，从而证明扁桃苷被类似于蛋白质的苦杏仁酶水解成苦杏油、氰酸和糖等种物质。这一分解反应类似于酒精发酵过程，只需极微量的苦杏仁酶即可立即进行。在1835年贝采里乌斯曾将酒精发酵归结为：有机物的反应是由于催化力的作用。他认为这就是生命的根源，它在生命消灭后仍然保持其效能。但是李比希根据扁桃苷的发酵研究，反对贝采里乌斯的催化理论，从1839年开始提出了他独特的发酵理论。他认为所谓"酵母"就是将本身在分解时的运动传递给周围物质而导致分解（氧化）反应发生的物质，发酵现象就是由酵母引起的分解反应。当1857年法国的巴斯德（L.Pasteur，1820－1895）提出发酵只是发生于具有生命的有机体酵母的现象时，便在法国与德国这两位科学家之间发生了长时间的争论，直到毕希纳（Bichner）在巴斯德死后发现了酵素这场争论才渐渐平息。

李比希对生理化学的发展作出了不可磨灭的贡献。他提出的许多新鲜假说，往往是具有启发性的，但也通常有明显的缺陷，这常常使他陷入激烈的争论中。对于这一切，他风趣地说："如果他们揪住几根羽毛，那时我在下一个换毛的季节里反正要抛弃的尾羽，对此我是不会在意的。"他还常常说："化学正在取得异常迅速的成就；而希望赶上它的化学家们则处于不断脱毛的状态。不适于飞翔的旧羽毛从翅膀上脱落下来，而代以新生的羽毛，这样飞起来就更有力更轻快。"李比希的一生就是这样以充沛的热情不断开拓着新的研究领域。

大师间的友情与斗争

　　李比希到过英国、法国等许多欧洲国家旅行和讲学，他交往的科学家甚多，不仅有著名的化学家维勒、杜马、贝采里乌斯、格雷姆、法拉第，也有农业化学家或生理学家，还有大企业家，更有趣的是他同英国艾伯特亲王周围的政界人物也有交往。同时李比希的许多学生在毕业之后仍然同吉森有着往来，尤其是霍夫曼还将自己的优秀学生推荐到吉森攻读博士学位。而他与维勒的科学交往是颇富情趣的。

1829年底，在海德堡大学施皮斯博士家，李比希与维勒相识。两人一见如故，终身保持着深厚的友谊。维勒的老师是大名鼎鼎的贝采里乌斯，在和李比希见面以前，他们早就在雷酸和氰酸的有关问题上展开过学术争论。

在1824－1829年间，李比希对置备已知无机物的方法进行了研究，更为重要的是在此过程中他和维勒（1800－1882）首次从实验上发现了同分异构现象。李比希还在巴黎时就和盖·吕萨克一起分析过雷酸盐的组成，他发现雷酸银的成分与维勒公布的氰酸银的分析结果完全相同。李比希从这一不寻常的结果中引申出一个重要概念，即两个性质完全不同的化合物其元素组成可以相同，只是元素的结合方式不同。后来李比希进一步分析了从氯化氰产生的酸（雷酸），又发现这种酸的成分与维勒的氰酸成分相同，维勒得知这一结果后和李比希相互进行了切磋和争论，他们两人也成为莫逆之交，共同确认了雷酸和氰酸是两个同分异构体。维勒于1828年成功地合成了尿素，李比希也试图用乙二酸、氰酸钾和氨合成尿素。尽管李比希未能成功，但却使他从1829年开始由无机化学转向了有机化学。

李比希有一种容易激动、善于辩论的火一般热烈的性格，维勒则是一位性情敦厚而文静的科学家，不喜争斗，常常清醒地看到事物可笑的一面。因而形成了两人在脾性上的鲜明对比，但他们关于雷酸氰酸同分异构现象、苯甲酰基和尿酸衍生物的合作研究却是成功的，这些工作都是化学史上著名的经典研究。那时，李比希在吉森，维勒在柏林，两人相识后立即开始相互赠送研究用的样品并且频繁通信。相距如此遥远，使两位科学家深感遗憾。1831年，在李比希的帮助下，维勒调到距吉森只有100千米的卡塞尔工学院任教授。那一年，维勒的妻子故去，李比希担心朋友过于悲伤而损坏健康，于是邀请维勒和他一起研究苦杏仁油。两个朋友合作得那么好，在一个月的时间里就完成了一项划时代的研究。1832年，论文以"关于苯甲酰基（安息香酸基）的研究"为题发表，表明苦杏仁油可以转变成一系列含有C_7H_5O基的化合物。这一重大发现震动了整个化学界，贝采里乌斯为这一工作欢呼，把它称为"植物化学的新纪元的开始"。尽管李比希和维勒的工作地点在此后均有变动，但他们的友谊与合作是持久不变的。后来维勒曾这样描写他们的关系："我可以打个比喻，如果以我俩的名义发表的某些小文章是我们俩中的一个人完成的话，那么，这同时也是赠给另一个人的绝妙的小礼物。我想，这就可以使你了解我们俩之间的关系了。"

　　著名化学史家帕廷顿评论李比希带有浪漫主义色彩的善辩性格："李比希有着火一般的多变性情，他曾经历过许多痛苦的争论。如果在争论过程中李比希并不带有恶意，就能在适当时候同对方重归于好；否则，错误就往往归于别人。他自由地批评别人，但却（如同大多数批评者一样）讨厌别人反对自己。他喜欢说教，当他提出一种思想时，便会立即投入非常狂热的宣传和鼓动工作中；如果他认为全餐面包有益于人类健康，那么他的所有朋友及公众就必须将它作为重要的食物。他常常毫不隐讳地承认自己的错误，并且总是从缺点的纠正中获益匪浅。他有一颗善良的心，他毫无疑问是他那个时代最伟大的化学家。"

由于贝采里乌斯把自己在无机化学中总结出的电化二元论推广到有机化学中，并认为是某种神秘的"活力"参与了化合物的生成，因而才会存在有机界，所以不可能在实验室中人工制备有机化合物。但是，维勒在实验室中合成了尿素，从而突破了无机化学和有机化学之间不可逾越的界线，动摇了"活力论"。1834年，杜马和罗朗在系统地研究了卤代反应后，提出了取代学说，直接威胁着贝采里乌斯的电化二元说。于是，贝采里乌斯愤愤不平地对维勒说："杜马这种主张必定导致目前整个化学建筑垮台，而这个革命却是基于用氯分解醋酸！"

面对着这场有机化学领域的理论变革，李比希始终采取了积极进取的态度，他在自己的《年鉴》上鲜明表态："我不赞成贝采里乌斯的意见，因为它们建立在一大堆没有任何证明的空洞假设的基础上。"很快，他与杜马联名向法国科学院提交了一份研究纲领，完全置贝采里乌斯的权威于不顾，提出无论是在无机化学还是有机化学中，化合的规律和反应的规律在两个化学分支中都是完全一样的。这个宣言为人工合成有机化合物扫清了思想障碍，从此，李比希和杜马共同成为有机化学领域的两大权威。但是，1838年，李比希在自己一篇冗长而又重要的研究有机酸的论文中，又对贝采里乌斯的学说发起了攻击。他的研究工作对结构有机化学理论作出了重要贡献，但严酷的批评引起了贝采里乌斯的强烈不满。

性情急躁的李比希常常利用自己的刊物向他人发起进攻，即使对曾并肩作战的杜马他也毫不客气。

1840年，他和维勒用S.C.H.Winder（即"骗子"）的笔名署名，在《年鉴》上发表了一封讽刺信，嘲笑杜马过分推广取代理论，两个战友因此而闹翻。而且，他们在乙醚理论问题上出现了分歧，李比希坚持乙基说，杜马坚持乙太林说，最后以李比希的乙烯基说作为两种理论的调解而告终。

李比希转向农业化学和生理化学研究，本是想避开与杜马在许多问题上的进一步争论，但使他吃惊的是，杜马的兴趣在同一时期也转到了生理化学方面。1841年，杜马发表了阐述营养概念的演讲，其要点与李比希在农业化学中提出的、在吉森教动物化学时所讲过的内容相似。于是李比希指责杜马有剽窃行为，这就更加深了他们早年的敌对。在以后几年中，李比希投入了与杜马及其助手的论战之中。李比希认为动物可以把淀粉等转化为脂肪，而杜马等人认为动物的所有组分包括脂肪都是从植物性食物中得到的。为了证明这一观点，这几位法国化学家对蜜蜂、鹅、猪和牛作了广泛的饲养实验，希望能证实食物含有足够的脂肪，结果却发现它是由碳水化合物组成的，证明李比希的观点是正确的。

在发酵问题上，李比希学派的化学论和巴斯德一派的生命论相对峙，前者曾一度占了上风。此后就农业化学问题李比希作为"矿物论者"又与反对派"氮素论者"进行了长期论战，正像他在《化学在农业和生理学上的应用》一书的第七版序言中所说："这个争论现在还没有解决，农民到现在还没有变成有权威的裁判者，农民能否得到科学方面实际的帮助，我怀疑，那个时刻是否已经到来。我寄希望于年轻的一代，他们具有与父辈完全不同的锻炼和修养，来投入实践。至于我自己，已经有年纪了，组成我身体的元素正在腐烂，趋向于开始新的生命循环。"正是在这些争论中李比希学派的学术观点不断趋于完善，从而推动了科学的发展和进步。

1826年，巴拉德（A.J.Balard，1802－1876）发

表了他发现元素溴的报告。李比希一看到这个报告，马上想到这就是他以前在食盐的母液中分离出来的物质。当时他匆忙地宣称这物质是氯化碘，并把它放到药品架上待研究。当他证实了巴拉德的发现而自己错过了一次发现新元素的机会时，气冲冲地说："巴拉德没有发现溴，而是溴发现了巴拉德！"他把这令他抱憾终身的物质放入了他的"错误之柜"中，以此来时刻警戒自己：以后下结论时千万要谨慎、要客观！从那以后，李比希汲取了教训，不断根据新的事实来修正自己学术中的错误。

到慕尼黑大学执教后，一天李比希邂逅大学时代的同学申拜恩（Christian Friedrich Schonbein，1799－1868）。以前，他俩虽是同班同学，但却是不同的秘密社团的成员。当时每个社团都有自己特殊的制服和各自的领导，而且各社团成员往往彼此敌视，即使在上课时不得不紧挨着，但也决不互相理睬。李比希和申拜恩就是这样从来没有交谈过，因为李比希的绿

色短上衣和申拜恩的黑色大衣清楚地表明他们是属于
两个敌对社团的。然而，50年后当他们重逢时，申拜
恩也已是一位以发现臭氧而闻名的化学家了。老同学
相见，李比希马上邀请他到慕尼黑大学讲课。此后，
中拜恩也常从他工作的瑞士到慕尼黑来，花几天的时
间参加李比希和维勒举办的郊游活动。在游玩的过程
中，这几位科学家总是喜欢讨论那些奠定现代化学基
础的许多具有伟大意义的发现。

德国化学工业的巨擘

李比希从1824年到1852年在吉森大学任教的28年，正好经历了德国从农业走向工业革命的过渡时期。1833年，以普鲁士为中心的德意志关税同盟的缔结，使得在与外国商品的竞争中得到保护的工业逐渐繁荣起来。1848年资产阶级革命之后，德国开始了一场真正的工业革命，主要表现在蒸汽机、铁路的普及和钢铁、煤炭、纺织、机械制造业、石油、尤其是化学工业的迅速发展。工业的高涨有赖于科学教育和科学研究的促进，李比希及其学派的活动正是促进这场革命的一支有生力量。

　　确切地说，李比希并未直接参与工业化学的生产，但他改进、发展的大量分析方法和许多发明却有着重要的工业应用价值，例如他从1846年开始推广的人工肥料曾使德国的农业产量大幅度提高，他的镀银技术（通过醛的银镜反应）避免了工业生产者汞中毒的危险；同时，李比希的许多学生创办了新的大型化工厂，或是在这些工厂中工作。但是，李比希对化学工业具有决定影响的，是在德国染料化学工业方面，他以自己的思想观念、分析方法和组织机构促进了染料工业的诞生，并使它完全建立在了系统的科学研究的基础之上。

　　染料化学工业是从19世纪中期开始的，它起源于人类活动的两股源流。这两股源流早在1843年就已在吉森实验室中持久地结合起来了。李比希以前的一个学生塞尔（Ernest Sell）在法兰克福附近的奥丰巴赫新建了一个蒸馏煤焦油工厂，他将生产的轻油试样送给李比希，希望能了解煤焦油的组成，渴望通过对煤焦油的分析促进生产的发展。也就是说，塞尔已认识到了煤焦油生产和化学之间的潜在联系。李比希把这种轻油试样的分析工作交给了霍夫曼。霍夫曼从它分离出两种有机碱，其中一个后来命名为苯胺，它与浓硝酸反应得到深蓝色液体，加热时先变黄，然后变为深绯红色。李比希一直对可作为染料的有色有机物感兴趣，他预言苯胺对染料化学工业将有重大影响。开始霍夫曼用李比希提出的有机基团理论来解释这种新物质，认为苯胺是一种由有机基团和氨基组成的有机碱，经分析测定后，将苯胺的组成定为$C_{12}H_5NH_2$。后来，他用其他有机基团取代氨中的氢原子。就这样，在这个问题上他整整研究了10多年，最终制得了许多化合物，为1860午后发展起来的合成染料工业奠定了坚实的基础。

谈到德国染料化学工业的飞速发展，霍夫曼功不可没。他一生中的主要研究工作，大都同煤焦油及其组分特别是苯胺和苯酚有关，首先是探索了脂肪族胺的化学，发现了季铵盐，此外还发现了许多染料并获得了相应的专利，对德国和英国化学工业的发展有着巨大的影响，例如以他的名字命名的霍夫曼紫无论从商品化的角度来看，还是从经济成本上考虑都是十分成功的。尽管他对大规模的工业研究问题不感兴趣，但是他认识到了理论与应用之间的共存关系，因而非常热衷于染料化学的研究。他讨厌经商，自己也没有经商的才能，但他还是允许学生们去开发、经营染料生产。他的学生也都先后致力于染料工业，其中最有名的是合成了世界上第一个人造染料苯胺紫的帕金（W.H.Perkin，1838－1907）。

李比希学派在有机化学及其一系列应用研究领域中都取得了巨大成就，不仅在德国把化学建设成一门科学学科，而且对其化学工业发展也起着巨大的推动作用。注重把研究成果推广到实际生产中，是李比希一生追求的目标之一。他非常关心实际生产，对解决生产过程中的具体问题有着浓厚的兴趣，即使再忙，他也要抽空去工厂转一转。有一次，他来到一家生产铁氰酸钾的工厂，这里有一种被称为"尖叫锅"的装置。锅内的铁搅拌器启动时会发出震耳欲聋的噪声，"尖叫锅"因此而得名。钱袋很满而素质很低的厂主颇为得意地对李比希说："教授，你无法用任何理论来解释这里的事情。当我的锅叫得最欢的时候，我就得到了最多的钾盐！"面对厂主的无知，李比希淡淡一笑，接着建议他在锅内加一把铁屑，这样可以不必让锅尖叫而节省很多。后来厂主果然得到了更大的经济效益，也就不再在科学家面前洋洋自得了。

作为一个深深地热爱自己祖国、具有强烈民族意识的德国公民，李比希对发展德国的科学、振兴德国的工业有着一种神圣的使命感。有一次他访英归来，一见到自己的朋友维勒，就激动地述说："你想想看，亲爱的朋友，我乘的是火车，这就是文明！每小时跑16千米，像鸟飞一样！我激动得像个小孩子似的，简直想跳起来！德国也应该建设铁路，而且越快越好！"事实没有让这位充满激情的科学家失望，尽管德国的铁路不像染料工业那样也是在他的努力下建设起来的。他时刻没有忘记要为德国的兴盛而战。

巨星的陨落

随着过度的科学劳动和年事的增高，李比希越来越明显地感到体力不支，尤其是对一向热爱的实验室教学竟然开始厌倦了。1850年他在信中向维勒倾诉了自己内心深处的苦痛："如今我一进实验室就感到心情很坏。与年轻人一起工作，这原是我的乐趣，可现在却成了我的痛苦。一遇到有学生来向我请教或者是提什么报告，我的心情立刻就很烦、很糟。"另一方面，长期的超负荷工作和学术争论构成了沉重的负担，他患上了严重的失眠症，身体每况愈下。

终于，在1852年，李比希放弃了在吉森大学的一切，前往慕尼黑大学任教，条件是只上课而不管实验。到慕尼黑后，他以自己丰富的化学知识和幽默风趣的授课方式，受到了学生们的热烈欢迎。而环境的改变，也使他的健康有所好转，在讲课之余致力于写作，继续阐述他的农业思想，并且举行科普讲座，广泛讨论各种科学问题，而对实验室的指导工作则束之高阁，只是挑选很少的几个助手和学生在他的实验室中工作。从这时起直到他去世，他在科学界的影响有了明显的下降。尽管如此，人们依然尊敬他、热爱他，1860年，他当选为巴伐利亚科学院院长，此外，还获得了法国、英国、俄国、瑞典等国科学院授予的荣誉会员称号。

1870年，李比希得了一场重病。他做好了死的准备：立了一份新遗嘱，制作了一个精致的骨灰盒，分送了自己贮存的烟。有趣的是，李比希太太非常喜欢这个骨灰盒，也为自己定制了一个。不久，李比希恢复了健康，又开始精神抖擞地工作和生活。而两个骨灰盒被放进了化学贮藏室里。

又过了三年，即1873年4月，李比希患了严重的肺炎，这一次他没有能够再康复。这位19世纪最伟大的化学家在慕尼黑与世长辞了。

在第二次世界大战期间，希特勒掀起反犹浪潮。由于母亲是个犹太人的女儿，因此就连李比希这样一位已经去世的、为德国的发展作出了巨大贡献的科学家也没有能够幸免于难，他的纪念碑被人用硝酸银和高锰酸钾的混合物所污染。战争结束后，不损坏纪念碑的石头而清除污斑，就成了一个令人头疼的问题。许多位专家经过充分讨论，终于用化学药品洗掉了所有污垢。如果李比希在九泉之下有灵，他一定会认为这是对他为之献身的化学事业的莫大讽刺。

李比希一手创建起来的吉森实验室，在今天已成为了专供人们去凭吊、纪念这位伟大学者的博物馆。不过，它依然保留着1839年扩建后的模样。这也许正是管理者的良苦用心所在：要100多年后的人们在享受科学大师创造的物质财富的同时，也继承他们留下的全部精神财富！

世界五千年科技故事丛书

世界五千年科技故事丛书